クセジュ】

イタリアの統一

ポール・ギショネ 著
幸田礼雅 訳

Que sais-je?

白水社

目次

序文　「リソルジメント」の意義と解釈

イタリア統一国家の成立は、十九世紀ヨーロッパにおける最も大きな出来事の一つに数えられる。この比較的新しい現象は、長く困難な成熟の時代がたどりついた帰結点であった。さかのぼればイタリア半島では古代ローマ帝国についで、中世の細分化とコミューヌ同士や領主間の拮抗が生まれた。近代化の過程のなかで、文化のきらめきとは対照的にイタリアは政治権力が弱体化し、スペインついでオーストリアの支配を受けて経済的停滞がますます深刻化していった。それゆえカトリック教や輝かしい文化遺産をはじめとする統一要因は、半島から離れるいわば遠心的傾向によって損なわれてしまった。十九世紀の黎明を迎えたイタリアは、いかなる政治的一貫性も回復せず「地理学的な意味しかもたない存在」というメッテルニッヒの侮蔑的言葉がおおむね該当する国となっていた。

しかるに一八四九年から一八七〇年までのおよそ二十年間におこった国民的統一運動の覚醒と勝利は、イタリア王国に力強い地位をもたらす。この変貌から必然化した問題の総体は、イタリアのみならず他の国々の歴史の解釈と考察を強烈に刺激し、こんにちなお論争のテーマをなしている。統一の出発点とは何か、何がその構成要素であり、何が変動要因であったのか？　リソルジメントをどう解釈するべきか？　この言葉は、そもそも「再生」すなわちリナシメントと同義であったが、一七五〇年以降すなわち十八世紀後半にあらわれたイタリア文化の復興を示すために用いられるようになった。少しおくれてピエモンテ出身の劇作家で詩人ヴィットリオ・アルフィエーリ(1)は、この言葉のもつ神話的意味と自信に満ちた期待感を普及させた。すなわち「武力を奪われ、寸断され、虐げられ、鎖につながれ、無力化した」イタリアは、いつの日かかならずや「徳高く、大らかで自由な一つの国になるにちがいない」という期待である。長いあいだイタリア人的気質にふさわしいレトリックで粉飾されてきたリソルジメントの歴史書は、なによりもまず一国主義的観点から解放され、ヨーロッパ全体の発展の文脈において置き換えられなければならない。統一運動の起源と根本的特徴という問題に直面して、歴史家は現在おおざっぱにいって以下四つの観点を認めている。

（1）ヴィットリオ・アルフィエーリ（Vittorio Alfieri, 1749~1803）。ピエモンテ出身の詩人、劇作家、哲学者。ロマン主義、古典主義から強い影響を受けた〔訳註〕。

1　最も古いのは国家的伝統的な観点と呼び得るもので、イタリア王国形成直後に生まれた観点である。これによればリソルジメントはすぐれてイタリア的現象とされ、同時に改革的啓蒙主義的十八世紀の起源に根ざす発展の成果と考えられる。この観点は現代イタリアの誕生においてフランス革命がはたした役割を著しく限定する傾向にある。それはカヴール時代(1)の古い歴史家（キアラ、ビャンキ、カステッリなど）の見解であり、同時にベネデット・クローチェ(2)をはじめとする理想主義学派（ヴォルペ、ロータ、コルテーゼ、モランディ）の影響を受けつつ現代思潮全体をつらぬいている見方でもある。

(1) カヴール (Camillo Benso, comte de Cavour, 1810~1861)。ピエモンテ出身の政治家。統一運動において最も重要な役割を果たした人物の一人〔訳註〕。
(2) ベネデット・クローチェ (Benedetto Croce, 1866~1952)。ヘーゲル哲学者、歴史家、批評家、政治家。教育相(一九二〇~二一年)。大戦中ファシズムに抵抗。戦後イタリア自由党の創立者〔訳註〕。

2 第二は、運動への決定的影響を、革命の母型たるフランス革命に帰着させる解釈である。この考えはとくにカルドゥッチ(1)によってはやくに定式化されていたが、ファシズムの到来と同時に統一史を綿密かつ批判的な見直しの標的とする自由学派によって深化された。ピエロ・ゴベッティ(2)、アドルフ・オモデオ(3)らによって代表されるこの見解は、精力的なマルクス主義思想家アントニオ・グラムシ(4)によって極限にまで追求された。彼が創出した一大潮流は、研究の経済的現象と社会構造の分析におけるイタリア的遅れをとりもどそうとする傾向にあった。その理論的支持者としてはダル・パーネ、ブルフェレッティ、アラトリ、カンデローロがいる。

(1) ジョズエ・カルドゥッチ (Giosuè Carducci, 1835~1907)。イタリアの詩人、古典文学者。統一後元老院議員となる(一八九〇年)。父はリソルジメントの支持者。政府の弾圧により、幼少時代はトスカーナ地方を転々とする。詩人になってからは、国家統一を妨げているとして、カトリック教会を批判した。学識を請われボローニャ大学教授となる。『青春の季』や『魔王賛歌』で反カトリックの姿勢をとっていたが、『新韻集』や『擬古詩集』が高い評価を受け、一九〇六年にノーベル文学賞を受賞した〔訳註〕。
(2) ピエロ・ゴベッティ (Piero Gobetti, 1901~1926)。自由思想家、政治家。劇的な死によって自由主義の大天使という異名をもつ伝説的人物。ムッソリーニの命令によりパリで暗殺された〔訳註〕。
(3) アドルフ・オモデオ (Adolfo Omodeo, 1889~1946)。歴史家、著書、『カヴール伝』〔訳註〕。
参考文献(原書巻末ii頁参照)。
(4) アントニオ・グラムシ (Antonio Gramsci, 1891~1937)。サルデーニャ島出身の作家、政治理論家、イタリア共産党の創立者〔訳註〕。

3　もう一つの理論はJ・ゴドショとR・パーマー[1]によって考えられた。彼らによればリソルジメントは特別にイタリア的現象ではなく、またフランス革命の子でもない。それはもっと広い運動のなかの一局面であり、フランス革命もまた突出した一つのエピソードにすぎない。すなわちそれは大海の両岸で古い政治的社会的構造を覆そうとしてなされた、いわば「大西洋革命」の一環とされた。イタリアはあらゆる他の国々と同じく「人口爆発」の影響をこうむり、その結果一七一五年に一一〇〇万だった人口は一七九六年には一八〇〇万に膨れた。この増加は、需要に応えられなくなった経済構造全体の見直しを迫った。そこから、農工業の危機にたいして、最終的には政治的転覆に及ぶほどの解決を求める改革運動が勃発したのである。

（1）ロバート・ロズウェル・パーマー（Robert Roswell Palmer, 1909~2002）。十九世紀フランス史を専門とするアメリカの歴史家〔訳註〕。

4　現在の知識の状態から見れば史家フランコ・ヴァルゼッキの下した精緻な解釈が、さまざまな事実を最もよく考慮していると思われる。半島内のきわめて複雑多様な心的枠組みのなか機能した啓蒙運動[1]は、時代に適合しなくなった旧体制の危機にたいして荒療治を加えようとした。それは思想的な地盤を準備し、政治的社会的風土をつくりだし、一七八九年から一八一五年までの政府の要人となる世代を養成した。しかしそうした活動は社会のごくわずかな階層にしか作用しなかった。厳密にイタリア的な次元で見れば、啓蒙運動[1]だけで革命的な展望に達することはできなかった。過去の秩序と決別し、変化を触発し加速させる力は、まさしく外部からやってきたフランス革命であった。フランス革命こそは、イタリアに国民（すなわち市民意識と契約の絆によって結ばれた市民的共同体）という観念の力をあたえた。それこそは、フランスの原型を踏襲し、一七八九年の原理から派生した新たな法にふさわしい諸成果を通じて統一へとイタリアが踏み出す出発点であった。

（1）啓蒙運動（illuministe）。本来イリュミニストは神秘的、形而上学的啓示を受けた者、あるいはその思想を意味し、十七、八世紀になってスウェーデン、イギリスやドイツでその神秘性が引き継がれたが、フランス革命の影響を受けたイタリアでも理性の光を受けた思想を表現するようになった。著者は明らかにその意味でのイタリア語 illuminismo をフランス語として使っている。ちなみに十八世紀にはフランス語で哲学者といえば啓蒙主義哲学者をさし、その時代を「光の世紀」（Siecle des lumieres）ということが多いが、啓蒙主義を一言で表わす言葉はみあたらない〔訳註〕。

第一章　啓蒙主義時代から旧体制復興まで。初期統一の試み（一七八九〜一八一五年）

I　啓蒙専制君主の功罪

イタリアは、諸制度とそれにともなう問題が複雑化して発展を抑えられた革命前のフランス以上に、啓蒙主義的改革を実践すべき典型的な場となった。言い換えればイタリアの啓蒙主義運動は、革命の前段階において決定的な役割を果たしたのである。十八世紀に生まれた巨大なこの国の政治的空白は、国外の平和的風潮にかこまれながら、これら啓蒙主義的改革が定着するのを可能とした。だが地域主義と著しい地理的細分化が改革に独特の色合いをあたえてしまい、そのためリソルジメントの歴史全体を通じて、この郷土主義[1]にたいする目配りがなされなければならなかった。それこそが諸現象が四分五裂、しかもしばしば混乱した特徴を帯びる原因となった。

（1）「郷土愛」（campanilisme、イタリア語の Campanilismo）。「鐘楼」campanile からでた言葉で教会を中心とした地域主義あるいは、「お国自慢」amore di campanile を意味する〔訳註〕。

十八世紀のイタリアの特徴は、文化的革新が花開き、フランスの影響から活力を得たことだ。ヴォルテールをはじめとする百科全書派や啓蒙主義哲学者が、はるかアルプスの向こう側で流派を生み出し、多くの国々の絶対主義的君主は、新思想の支持者と手をむすんで「理性の政府」をつくり、基盤が揺らいでいる伝統的封建制度の権力を強化しようとした。イタリアの啓蒙主義運動は、どちらかといえばイギリス的というよりはフランス的起源から出発し、いろいろと似た特徴をみせた。

まず第一に運動の実践的形式と技法をオーストリアから大幅に借用したことである。オーストリアはイタリア半島の最も豊かな地域を支配していた。実際マリア゠テレジアとヨーゼフ二世の王国では、啓蒙主義は当時最も大規模な実践と現実化を達成していたのである。

第二の類似点はローマ教会にたいする権力側の態度である。カトリックから財政的法律的特権を享受し、土地遺産の広大な部分を保持し、聖所の祭務を司る主任司祭らの保守的精神は、改革に対する最も執拗な抵抗力の一つをなした。他方一七四〇年から一七五五年にかけてやはりフランスから、ジャンセニスム[1]が到来し、イタリアの支配階級のあいだに普及した。それは完全な内的宗教の概念をもたらし、イエズス会に象徴されるような教会の世俗的支配の虚栄を捨てなければならないことを説いた。ジャンセニスムと革新という二つの流れが相呼応して教会の活動を狭く限定する方向にむかったため、教会の収入は落ち込み、その裁判権はオーストリアのヨーゼフ主義[2]から直接派生した夥しい立法化によって国家に従属させられていった。一七六七年以降、イエズス会は主要国家から追放され、一七七三年には教皇クレメンス十四世が会を解散した。一方十九世紀末君主らは改革運動を停止したため、絶望したジャンセニストの多くは革命思想を奉じるようになった。こうしたイデオロギー的流れ、平民による改革主義的理想への愛着、あるいは神学的内容の空洞化した政治的ジャンセニスムが一つの力となって十九世紀のイタリア文化をつき動かしたのである。リソルジメント世代の人びととまったく同様、カヴールもまたそこから深い影響を受けた。

（1）十七世紀ネーデルランドの司教コルネリウス・ヤンセン（一五八五〜一六三八年）がカルヴィニスムの影響のもとで唱えた宗教思想ジャンセニスムは、フランスではパスカルやラシーヌ等の共鳴者を得て発展し、さらにエドモン・リシェールの唱えたリシェリスムとしてイエズス会との対立の構図を明らかにしていった。さらに十八世紀になってイタリアではこのリシェリスムは、ピエトロ・タンブリーニ、ジュゼッペ・ゾラ等の解釈を通じて教会の階級制度を批判し、教皇の至上権を攻撃するといったように政治的革命的色彩を帯びるようにさえなった。巻末参考文献（訳者による）FG、三八頁を参照〔訳註〕。

（2）社会的事象を宗教ではなく理性にもとづいた国家の政治に従属させるという、啓蒙君主の一人でオーストリア皇帝フランツ＝ヨーゼフ二世（一七六五〜九〇年）の唱えた思想〔訳註〕。

とはいえ啓蒙主義者たちがとくに活発に働きかけたのは、経済的社会的分野にたいしてである。彼らの改革が不均等にしか成功しなかったことは、後の愛国主義とジャコバン主義の力線を左右した。すなわちこの改革路線はあるところでは市民意識のきわめて発達した風土において啓蒙的専制主義につうじ、それを延長させたのにたいし、別のところではなお古典的な社会からの初歩的反応と激しく衝突した。

イタリア諸国のなかには君主が無関心だったり、問題がほとんど解決不能だったりしたために、啓蒙主義の閃光が到達しなかった国や、あるいはかすめて過ぎただけの国が存在する。モデナとマッサ・カッラーラ地方を所有するエステ家やジェノヴァ、ヴェネツィアといった海洋寡占主義国家がその例である。リグリア人の都市国家ジェノヴァはコルシカの反乱と四つに組んでいたし、アドリア海沿岸の「いと静謐なる国」ヴェネツィアは、改革にたいして門を閉ざしていた。ヴェネツィアでは制度の老朽化と回復しがたい経済的凋落が、洗練されながら腐敗して最後の余光を放つ文化の仮面の背後に隠れていた。お祭り騒ぎと陰謀の渦が、蘇ろうとする貴族の最後の力を吸い尽くしていた。この国家の動脈硬化と知的芸術的活力のあいだには大きなコントラストがある。浅薄で熱しやすい特権階級はカルロ・ゴルドーニ[1]（一七〇三〜九三年）の喜劇、ジュゼッペ・パリーニ（一七二九〜九九年）の叙情詩、カナレット、G・B・ティエポロ、そしてフランチェスコ・グァルディの明るい絵画を喝采した。

（1）ゴルドーニ（Carlo Goldoni, 1707~1793）。ヴェネツィア生まれの劇作家。近代イタリア喜劇の基礎をきづいたが、一七六二年同業者と意見が合わず、フランスに亡命しパリで没する〔訳註〕。

ローマ教皇諸国は、ピウス六世[1]がおくればせに改革に乗り出す気配を見せたにもかかわらず、半島内で最も治安が乱れた地となった。たしかに一六万二九八六人とイタリア第二の人口を擁する首都ローマは（一七九〇年）、世界中からの訪問者を集めつづけていたが、旅人はこの都市をとりまく砂漠同然の環境に愕然とした。殺伐とした丘とマラリアの蔓延する沼沢の土地に広がる大規模土地所有制が、閨閥が幅をきかす教会階級制の諸悪の負担をいっそう重くしていた。

（1）ピウス六世（Pie VI, Giannangelo, 1717~1799）。フランツ＝ヨーゼフ二世の反教会主義に反対してウィーンに出かけて諫め（一七八二年）、ルイ十六世の制定した聖職者基本法に反対して、フランス国民を破門した（一七九〇年）〔訳註〕。

ピエモンテ王国も、まったく別の理由から改革運動にたいして比較的超然としていた。国内にサヴォイア、ヴァッレ・ダオスタ、ヴァッリ・ヴァルデージ[1]といった強力だが少数フランス語地域をかかえるこの国は、改革主義よりも家父長主義的理想をまもりつづけていた。ヴィットリオ・アメデオ二世[2]（一六八四～一七三〇年）は、したたかな山岳民族の経験主義からフランス的体制とオーストリアの改革の利点をとりいれた壮大な国力増強計画を実行し、絶対王政に役立てようとしていた。検地台帳が土地を記録する一方、税金を逃れていながら一一・二六パーセントの土地不動産しかもたない聖職者と貴族は、特権を厳しく制限され、フランス流の監督組織に厳重に監視されることとなった。カルロ＝エマヌエレ三世[3]（一七三〇～七三年）は中央集権的事業を継続し、一七七一年には封建的特権の買い戻しを強制した。とはいえピエモンテは半島では依然として最もイタリア的でない国、社会的風土は荒々しく、ブルジョワジーが未発達な国であった。物質的関心に執着して働いている国民のなかにあっては、アルフィエーリの詩情は孤立した芸術となる。したがってヴァスコ兄弟[4]やデニナ神父のような農政改革論者は、ルイジ・ラグランジュ[5]あるいはベルトレといった同国人の学者同様、外国に聴衆をみいだす以外なかった。

（1）十二世紀フランス南部に起こり、十六世紀の宗教改革運動に参加したキリスト教の一派ワルドー派の住む谷で、現在はスイス・ポー州の一部。ワルドー派はカタリ派と並んで中世ヨーロッパを代表する異端として扱われた。当時ローマ・カトリック教会側からは二元論的異端として断罪されたが、近年では福音主義的・聖書主義的特性から宗教改革の先駆とも評される〔訳註〕。

（2）ヴィットリオ・アメデオ二世（Vittorio Amedeo II, 1666~1732）、サヴォイア公（1675~1730）、シチリア王（1713~1720）、ついでサルデーニャ王（1720~1730）〔訳註〕。

（3）カルロ・エマヌエレ三世（Carlo Emanuele III, 1701~1773）。ヴィットリオ・アメデオ二世の子、サヴォイア公、キプロス、サルデーニャ、エルサレムの王。一七七一年、封建的特権に従属する耕地の開放を勅令によって命じた。この改革は貴族と聖職者階級からの反対にも関わらず、息子ヴィットリオ・アメデオ三世に引き継がれた〔訳註〕。

（4）フランチェスコ・ダルマッツォ・ヴァスコ（Francesco Dalmazzo Francesco Vasco, 1732~1794）、ジャンバチスタ・ヴァ

スコ（Giambattista Vasco, 1733~1796）兄弟。ともにピエモンテ出身の改革派の知識人。弟ジャンバチスタには平等主義的著作『自作農に関わる公共福祉論』がある。参考文献WⅠ、一四二頁、二〇〇頁、二〇四頁、八八二頁〔訳註〕。

（5）ジョゼフ＝ルイ・ラグランジュ（Giuseppe Lodovico Lagrangia, 1736~1813）。イタリアのトリノで生まれフランスで活動した数学者、天文学者。オイラーとならび十八世紀最大の数学者〔訳註〕。

オーストリアの衛星国ナポリとブルボン＝パルマの二つは、改革運動の光を放つ二大中心地となった。ナポリでは当時なお封建的な社会構造、大規模な土地を所有する地主の不在と無気力と、生産の大幅増大には不向きな恒常的気象条件等によって啓蒙主義の効果は狭められ、事実上農地改革は不可能となっていた。とはいえこの思想は立法制をつうじて特権階級の治外裁判権の抑制力として作用した。この領域ではトスカーナ出身の宰相タヌッチ(1)の活躍が目覚ましく、それはシャルル・ド・ブルボン（一七四三~五九年）からその息子フェルディナンド四世（一七五九~一八二五年）の治世までつづいた。ナポリ改革派は、好敵手ロンバルディア派とならんでイタリア半島内でも最も活気に溢れた独創的なグループであった。彼らはフランスの理論家によって触発された穏健な改革を提案した。その頭目アントニオ・ジェノヴェージ(2)（一七一三~七八年）は初めて政治経済学の講座を開き、法律家ガエタノ・フィランジェリ（一七五七~七八年）、シチリアの副王ドメニコ・カラッチョーロが彼の後を継いだ。同じくパルマではドン・フィリップ・ド・ブルボン（一七四八~六五年）からフェルディナンド公の未成年時代にかけて、フランス人宰相ギョーム・デュ・ティヨーが経済改革と聖職者の悪習に正面からとりくんだ。

（1）タヌッチ（Bernardo Tanucci, 1698~1873）。侯爵、政治家、ナポリ王国首相としてシャルル七世とフェルディナンド四世に仕える〔訳註〕。

（2）アントニオ・ジェノヴェージ（Antonio Genovesi, 1712~1769）。哲学者、経済学者。ガリレオ、ニュートン、グロティウスの思想の正当性を認め、世界初めて経済学の講義をナポリ大学で行なう〔訳註〕。

オーストリア領ロンバルディア王国は、マリア＝テレジア治世の時代的要請に応じて改革の波にさらされ、ヨーゼフ二世の時代にはいってそれはいっそう徹底的でラジカルなものとなった。一七四八年から一七五九年にかけて総合土地台帳[1]がつくられ、封建的束縛が軽減され、異端審問制度と検閲が禁じられ、同業組合制度が廃され、多くの宗教施設が閉鎖された。だが最も際だった特徴は、理論家たちが内省の殻に閉じこもるのでなく、宰相や顧問として協力しあい、国家的改革に直接働きかけた点にある。そうした例としてジャン・リナルド・カルリ[2]や新聞『イル・カフェ』を創立したピエトロ・ヴェッリ[3]（この新聞は一七四六年から新しいテーマの記事を流した）のような経済学者、またとくに有名な法律家チェザーレ・ベッカリア（一七三八~九四年）が挙げられる。一七四六年に発刊されたベッカリアの『犯罪と刑罰』はヨーロッパ中の反響を呼び、近代法学の創始者の一人に数えられるようになった。彼は死刑や訴訟の恣意性と闘い、ある階級や体制による訴追ではなく社会全体の救済となるべき懲罰を求めた。

（1）トスカーナ出身のポンペオ・ネーリ（Pompeo Neri, 1706~1776）は、土地台帳を作製し（一七五七年）、それまでの収穫による課税でなく、土地の推定収入により課税によって税収の安定化を図った。これによって農業生産の増大によって見込まれる増収の大きな部分が土地所有者に帰せられただけでなく、土地所有者の平等主義が進んだとされる。参考文献WI、一五七頁。こうした改革が重農派の影響下にあったことは、本書一三頁においても示されている〔訳註〕。

（2）ジャン・リナルド・カルリ（Gian Rinaldo Carli, 1720~1795）。作家、経済学者、歴史家〔訳註〕。

（3）ピエトロ・ヴェッリ（Pietro Verri, 1728~1797）。伯爵、哲学者、経済学者、作家〔訳註〕。

ペーター＝レオポルト（後にオーストリア皇帝レオポルト一世）のトスカーナ大公国こそは、ヨーロッパ中の哲学者が啓蒙思想の国として賞賛する国となった。大地が生む豊かな自然の富、さまざまな社会のあいだにある均衡、国民の現実感覚等によって、一七六六年以降目覚ましい変貌がいたるところで達成された。ここでもポンペオ・ネーリ、フランチェスコ・ジャンニ(1)といった重農派の宰相がレオポルトの改革を積極的にたすけた。一つずつ数え上げれば、改革は実に圧倒的である。そして一七八九年を目前にして、トスカーナでは封建制度は事実上消滅した。税はすべての人にとって平等となり死刑、拷問、異端審問、同業組合制度は廃止された。わずかな小土地所有者の階級が土地制度改善と作物取引きの完全な自由から利を得、他方庇護者たる国は芸術と知の分野で黄金時代をきづいた。

（1）フランチェスコ・ジャンニ（Francesco Maria Gianni, 1728~1821）。歴史家、経済・政治学者。一七八九年から一七九〇年までペーター・レオポルトの治めるトスカーナ大公国の首相〔訳註〕。

一七八九年以前のイタリア啓蒙主義の功罪とは何だろうか？　一連の改革をみれば、あるいは人は半島全体の再生を思い描き、すでにフランスではじまっていた革命経済がほぼ実現されたと考えたくなるかもしれない。同様にイタリア側の多くの歴史家が、統一過程の草分け的な役割をこの運動に認めたがるのも理解できる。だが現実は別であり、輝かしい外見の背後には深刻化しつつある経済的社会的条件がひそんでいた。事実諸々の改革は、古い秩序に思ったほど深く食い込んではいなかった。ルイジ・サルヴァトレッリ(1)が考察したように啓蒙主義者は、立法化さえ図れば法文の魔力によって奇跡を起こすことができるという幻想に敗れたのである。

(1) ルイ・サルヴァトッレリ(Luigi Salvatorelli, 1886~1974)。歴史家、ジャーナリスト、政治評論家、行動党員〔訳註〕。

たしかに十八世紀のイタリアは量的にも質的にも生産力の向上を記録したが、こうした改善は急激かつ規則的に増加する人口の需要の波に応ずることができなかった。実際イタリアは好ましからざる経済情勢におかれていた。商活動の本流はすでに地中海から大西洋にむかっており、しかもロンバルディアやピエモンテにとって生産物の捌け口であるレヴァントでは、フランスとイギリスの競合がはげしくて多大の損失を招きかねないため、輸入は凋落しつつあった。ピエモンテの産業は一七四九年から一七五八年にかけてと、一七七〇年から一七九〇年にかけての二回にわたって危機を経験し、ヴェネツィアは内陸の領地の開発に閉じこもり、人口停滞を経験していた(一六九六年の一三万八〇六七人から一七九〇年の一三万七二四〇人)。他方イタリア全土ではヨーロッパ的規模の緩やかで恒常的な物価上昇が観測されるなか、労働者の賃金や現物の支給は固定化され、したがって購買力は減少した。だが最も深刻な現象は農民大衆の貧困化がすすんだことである。啓蒙主義的改革はたしかにリソルジメントの魂ともいうべき新たな社会的範疇の人びと(商人、土地所有者そしてごくわずかだが産業ブルジョワジー)に実質上有利に作用した。この階級は地代収入と高利の貸付、かつて貴族や聖職者から買い付けや賃貸借契約で得た広大な領地の開発とそこから得た資本蓄積によって潤っていった。物価の全般的高騰のためこうした新たな資本主義は刺激的な生産を追求せざるをえなくなる。それが啓蒙的専制君主の狙いであった。それゆえ企業家は、職人を単純で従属的な賃労働者にかえるような同業者団体の廃止を歓迎した。大土地所有者は入会地に手をつけ、先祖伝来の共同使用権を制限し、折半小作農にさまざまな取り分を要求し、分益小作人をいちじるしく身分の不安定な日雇い労働者としてしまった。慢性的な飢餓に苦しみつつ自分の腕しか資力をもたないブラチャントと呼ばれる社会階級が生まれたのは、まさにこのときである。これらの農業プロレタリアートは、一時的な生計を求めて農村部をうつり歩いて物乞いをし（一七九〇年の教皇諸国においてその数は人口二三〇万のうち四〇万に及んだ）、あまつさえ窃盗に走る者もいた。こうして封建制度はその苛酷な特権を啓蒙主義者によって廃棄され、あらたにより徹底的で抑圧的な搾取形態にとって代わられた。このようにフランス革命は、危機にひんしたイタリアにやってきた。いまだ革命的ではなかったブルジョワジーは、既得権を発達させかつ保障してくれそうな新たな秩序の提唱者に、協力しようという気になった。無教養な農村部の大衆は衝動的に革命に加わったものの、多くの場合、事態に混乱と矛盾に満ちた性格をあたえていく。一七九〇年以降政治的社会的緊張は、改革全体を停止する傾向を強めた。フランス革命によってひきおこされた激流に君主たちは怯え、改革運動を中断させ、とくにヴィットリオ・アメデオ三世[1]（一七七三〜九六年）のピエモンテ、パルマ、そしてマリア＝カロリーナ[2]とアイルランド人の寵臣アクトン提督[3]が支配するナポリでは、反動的な姿勢さえとるようになった。

（1）ヴィットリオ・アメデオ三世（Vittorio Amedeo III, 1726〜1796）。サヴォイア公、ピエモンテ、サルデーニャの王、カルロ・エマヌエレ三世の子。フランス革命を敵視し、亡命者を受け容れる。娘二人をルイ十六世の弟に嫁がせた。ボナパルトと戦って敗れ、ピエモンテとニースを奪われる〔訳註〕。

（2）マリア・カロリーネ（Maria Caroline, 1752〜1814）。オーストリア皇后、アリア＝テレジアの娘。一七六八年にフェルディナンド四世と結婚してナポリ＝シチリア両王国の王妃となる。妹マリー＝アントワネットが処刑されたため、フランス革命に強い敵意を抱く〔訳註〕。

（3）アクトン（John Acton, 1736〜1789）。イギリスの軍人、政治家〔訳註〕。

Ⅱ　イタリアのジャコバン派（一七八九〜一七九九年）

1　初期の反乱とジャコビーノの形成（一七八九〜一七九六年）

ルイ十六世の絶対王政が崩壊したことは、イタリアで大きな反響を呼んだ。当時アルフィエーリは短詩『さらばバスチーユ』を書いた。ヨーロッパのすべての国々においてそうであったように、フランス文化に心酔する知的エリートはこのブルジョワ革命を喝采した。啓蒙派の世界はこの事件をフリーメイソン集会所のプロパガンダを通じて迎えようとした。しばしば啓蒙専制君主の庇護を受けたフリーメイソンの宣伝は、すでに一七五〇年以降イタリア全土に広がっていた。同じころ方々の農村部で突発的な反乱の火の手が上がり、農民の不安が爆発するような動きがあいついだ。同様の事態は一七九〇年以降サヴォイア、ピエモンテ、一七九一年から九二年にかけてアブルッツォ、一七九三年にはバジリカータで起こった。

しかしこうしたジャックリー的な反乱と平行して、明らかに政治的内容をもった運動が生まれた。パリの立法議会とそれにつぐ国民公会は、フランスの国境をこえて「一大文明国家」の神話を輸出しようとした。イタリアのジャコバン派すなわちジャコビーノは、この革命の露払いにならんとした。ジャコビーノの研究は現在までかなりすすみ、かれらの活動は宣伝を組織化し、非合法のクラブとなったフリーメイソンの集会所がそれを普及したと証明されている。彼らは外交使節を介して（たとえばナポリではカコー[1]、ジェノヴァではティリー）からフランスのスローガンを受けとった。地中海海盆域における言語的類縁性、高い交流の頻度のゆえにこの組織活動には、とくに小ブルジョワジーや下層聖職者階級が染まりやすかった。さまざまな共和主義的陰謀の芽が育ち、一七九四年にはトリノ、ビエッラ、サルデーニャ、ナポリ、ボローニャ、ジェノヴァ、一七九五年にはパレルモといったように各国の君主は躍起になってこれを抑えようとした。ロンバルディア、ヴェネト、ローマでもジャコビーノは陰謀計画を温めつづけた。

（1）カコー（François Cacault, 1742~1805）。フランスの外交官、革命前両シチリア王国大使にタレーランに仕える〔訳註〕。

イタリアの君主らとフランスのあいだの関係が悪化して戦争になれば、イタリアの革命分子が共和体制の確立をこころみるべきチャンスが生まれる。一七九二年、ピエモンテではトリノに亡命中のプロヴァンスとアルトワの両伯の義父ヴィットリオ・アメデオ三世[1]が、ジロンド派から申し入れのあった対オーストリア同盟関係（見返りとしてサヴォイアとミラノの交換が提示された）の締結を断った。その年の秋、フランス軍はサヴォイアとニースを占領し、ほどなく両国はフランス共和国に併合された。ヴェネツィアとジェノヴァは首尾よく中立を守ったが、トスカーナとナポリはイギリス軍の脅威にさらされ、反革命軍に加わらざるをえなくなった。一七九六年にいたるまで、アルプスの稜線とコルシカで展開された軍事作戦は、いかなる決定的な成果ももたらさなかった。

（1）ヴィットリオ＝アメデオはスペイン王妃マリー＝アントワネット・デスパーニュと結婚して一二人の子をもうけ、そのうち長女マリー＝ジョゼフィーヌ・ルイーズはプロヴァンス伯（のちのフランス王ルイ十八世）と、次女マリー＝テレーズはアルトワ伯ルイ・ド・フランスと結婚した〔訳註〕。

2　姉妹共和国（一七九六～一七九九年）

総裁政府時代に入って事情は変わっていく。ボナパルトはイタリア方面軍指揮官に就任し、オーストリアにたいしてモロー、(1)ジュルダン(2)の攻撃と連動して、ラインとドナウを攻めると宣言した。ナポレオンは、コルシカ人伝来の性分からイタリアにたいしてとくに関心を寄せていた。その個人的政策は、イデオロギー的要請や潤沢な徴発によるパリ政府の財源増加の必要にもとづいた拡大という国家的意志とあいまって、フランスのヘゲモニーによるイタリアを新たにきりひらこうとするものであった。共和派的ジャコビーノの実験は、そうしたヘゲモニーのもとですすめられつつあった。

（1）モロー（Jean Victor Moreau, 1761~1813）。フランスの軍人、革命時ライン方面軍司令官〔訳註〕。
（2）ジュルダン（Jean Baptiste Jourdan, 1762~1833）。フランスの軍人。旧体制下ラ・ファイエットとともにアメリカ独立戦争に参加。フルーリュス（一七九四年）の戦いに勝利して帝国元帥になる〔訳註〕。

ドイツにおける作戦があっけなく流産する一方、イタリアの華々しいキャンペーン（一七九六年四月から九七年四月まで）は年毎に半島の地図を塗りかえていった。こうしたなかでジャコビーノの形成過程は、さまざまな要素がからみあって複雑である。総裁政府内の推移はあいつぐクーデタのなかで迷走し、それが衛星諸国に波及した。地方の革命家たちの野望は国の展望と衝突し、地域間町村間の葛藤は統一化への道筋を麻痺させた。

一七九六年四月から五月にかけて、ヴィットリオ・アメデオ三世の部隊は全滅させられ、ケラスコの休戦協定[1]についでパリ条約が結ばれ、フランスにはニースとサヴォイアの譲渡、内陸の国々の占領が認められる。みずからの共和国建設をねがうピエモンテの愛国主義者たちの失望は大きかった。それまで彼らは、民主主義的なフランス派として運動を先導してきたからである。頭目のトスカーナ人フィリッポ・ブォナロッティ[2]は、のちにグラッキュス・バブーフの片腕として平等派の陰謀に加わることとなる。革命運動のために国外に追放されたフィリッポはコルシカからフランスへ逃げ、熱烈なロベスピエール信奉者となったのである。一七九四年には彼はイタリア方面軍付き政治委員となり、国民公会の部隊に占領されているリグリア州沿岸一帯の治安を担当した。まもなく州の小都オネリア[3]は追放されたジャコビーノが大挙して集まるアジトと化し、半島に向けてプロパガンダを発する大拠点となった。

（1）一七九六年春日ヴィットリオ・アメデオ三世の率いるピエモンテ＝サルデーニャ軍はフランス軍にケラスコで敗れ、四月二十八日休戦協定が結ばれた。これによってサヴォイアはアレッサンドリア、コーニ、トルトーネを失い、武器食糧の供給、部隊のピエモンテ通行権を承認させられた〔訳註〕。

（2）フィリッポ・ブォナロッティ（Filippo Giuseppe Maria Ludovico Buonarroti, 1761~1837）。ピサ生まれの革命家。フランス革命時バブーフの陰謀に加担しててパリで没す〔訳註〕。

（3）イタリア北西部、リグリア州インペリア県の県都〔訳註〕。

総裁政府の干渉はますます激しくなり、ピエモンテの内政は革命運動によって揺さぶられた。新たな君主カルロ・エマヌエレ四世(1)(一七九六〜一八〇二年)はサルデーニャに身を引いた。

(1)カルロ・エマヌエレ四世(Carlo Emanuele IV, 1751~1819)。敬虔だが病弱な彼は、サルデーニャ=ピエモンテの王としてわずか六年間(一七九六〜一八〇二年)の統治ののちフランスに屈した〔訳註〕。

占領地ミラノでは、知的エリートたる啓蒙主義者たちがイタリア統一国家創建の闘いをつづけ、諸公国や総督領(1)は、フランス政治委員サリチェティ(2)やガロー(3)らに鼓舞されて反乱を起こした。十月、モデナ、ボローニャ、レッジョ=エミリア、フェッラーレの各臨時政府はチスパダーナ共和国(4)建国について協議をし、民軍は緑・白・赤の三色旗を掲げた。

(1)一般に教会の所領は教皇国家(Stato Pontifico)あるいは教会国家(Stato della Chiesa)とよばれ、聖ペテロの遺産とされたり、あるいはローマ皇帝コンスタンチヌスやカロリング朝短軀王ピピンなどの寄進にもとづく土地とされていた(コンスタンチヌスの寄進状については偽造説がある)。実際にはこれらの領地はローマ教会が長い歳月をかけて形成したものである。ナポレオン戦争が終わって王政復古からローマ教会の領地分類は、一八一六年ピウス七世によって次のように分類された。すなわち教皇が管轄する地域として教皇使節管轄地(Delegations)が設けられ、そのうちとくに枢機卿が統治する地域を教皇特使管轄地域(Legations ボローニャ、フェッラーラ、ラヴェンナ、フォルリ)とされた。後者を本書では通例にしたがって総督領と訳す〔訳註〕。

(2)サリチェティ(Antoine Christophe Saliceti, 1757~1809)。コルシカ出身で革命派の政治家〔訳註〕。

(3)ガロー(Pierre-Anselme Garrau, 1762~1819)。ジロンド県リブルヌ出身の政治家、ジャコビニスト。イタリアのジャコビーノを支援する〔訳註〕。

(4)チスパダーナ共和国。チスパダーナはローマから見てポー川のこちら側の意。一七九六年十月十六日、将軍ボナパルトはモデナでこの共和国がフランスと姉妹共和国であることを宣言した〔訳註〕。

一七九六年八月から一七九七年一月にかけてボナパルトはマントヴァ掃討をねらって、オーストリアの攻撃軍四部隊を猛然と押し返そうとした。教皇ピウス六世はトレンティーノ和約を強制され（一七九七年二月十九日）、アヴィニョンと総督領を放棄せざるを得なくなった。ボナパルトはさらに大胆にも矛先をウィーンにむけたため、オーストリアはレオーベンにおける講和条約の予備折衝によって停戦することとなった（四月十八日）。フランスの徴発にたいする流血の民衆蜂起（「ヴェローナの復活祭事件」[1]）を逆手にとって、ボナパルトはヴェネツィアの旧共和制を廃止した。カンポ＝フォルミオで和約が結ばれ、ヴェネツィアはロンバルディア王国の廃絶とひきかえに、オーストリアに引き渡された。

（1）一七九七年四月十七日、復活祭の鐘を合図にヴェローナ、ヴィチェンツァ、パドヴァで、聖職者に扇動された約三万人の住民による蜂起がフランス軍に対して起こった。とくにヴェローナでは逃げ遅れたフランス兵や、病人、戦傷者あるいはそれに加担していると見なされた人びとの多くが殺害された〔訳註〕。

一七九七年六月、ジェノヴァ共和国も「リグリア共和国」[1]に変更され、同じ月の三十日にはボナパルトは、短命なチスパダーナ共和国をロンバルディア王国（十月にグリジョーニから奪った戦略上の要衝アッダ川上流ヴァルテリーナ渓谷を加えて拡大したヴェネト領の一部）に統合させてチザルピーナ［アルプスのローマ側の意］共和国をつくりだした。ローマ大使に随行していたデュフォ将軍が[2]空騒ぎのなかで暗殺されると、この事件を巧みに利用したベルチエ将軍が一七九八年二月に永遠の都ローマを占領した。そこでジャコビーノの小隊が「ローマ共和国」を宣言し、教皇ピウス六世はトスカーナからフランスへと移送され、流謫の地で果てた。

（1）ナポレオンはオーストリアとサルデーニャを打ち破ってケラスコで和平協定を押しつけた後、みずからの発意で北イタリアの政治情勢を変革しようとした。彼はポー川の北にトランスパダーナ共和国を、南にチスパダーナ共和国を建設した。一七九七年六月二十九日、これらふたつの共和国は合体してチザルピーナ共和国となり、さらにこれにブレシャ、マントヴァ、ロマニアが遅れて加えられた〔訳註〕。

（2）デュフォ（Léonard Mathurin Duphot, 1769~1797）。フランス・イタリア方面軍将軍。一七八七年十二月、ローマで行なわれた共和国祭においてジョゼフ・ボナパルトと面会ちゅう暴動が起こり、これを鎮めようとしたデュフォは、教皇側の兵士に暗殺された〔訳註〕。

ナポリではブルボン=ナポリ王家の好戦的態度が、逆に王国の失墜を招いた。ボナパルトは一七九七年にはイタリアを去って、エジプト遠征の先頭に立って戦っていたが、この戦いが第二次対仏大同盟［一七九八～一八〇一年］を誘発した。国王フェルディナンド四世がこれに加わり、ローマにたいして攻撃を開始した。しかし彼の部隊はナポリに向かって進軍してきたフランス軍の将軍シャンピオネによってうち負かされた。しかるにラッツァローニ（ごろつき党）とよばれる狂信的な民衆がフランス軍に大挙して自棄的抵抗を仕掛けた（一七九九年一月二十一～二十二日）。シャンピオネは、啓蒙主義的階層からの協力を得てナポリの古名にならってパルテノペア共和国を結成した。フランスのイタリア支配は、一七九九年一月ルッカ共和国が占領され、さらに三月形式的な住民投票によって単純にして明確なピエモンテ併合をもって完結した。

姉妹共和国の組織づくりは、すべて同じ図式にしたがってなされた。フランスはまず過激ジャコビーノを犠牲にして、啓蒙主義改革派によって養成された穏健分子を厚遇した。そして彼らにナポリの古名のパルテノペを冠した総裁政府型の憲法を課し、執行権をエリート選挙人集団へ、そして政権を納税額による制限選挙によって選任されたブルジョワジーに託した。こうして「生まれ変わったイタリア」はパリの政治路線に沿ったフランスの延長であり、この強力な同盟国に財政的軍事的負担を負わなければならなかった。全体としてこの一七九七年から九九年にかけての政治的経験は（イタリアの歴史家はそれをトリエンニーオ「三年時代」と呼ぶ）、後のリソルジメントの発展にとって決定的な影響をあたえた。もちろんそこにはバランス的に否定的な要素がのしかかってはいた。たとえば占領軍の手荒な行動があった。『偉大な国民』を著した歴史家J・ゴドショの主張によれば、フランス軍が駐屯した最初の九か月で徴用した人間は四〇〇〇万ないし四五〇〇万人、そのうち一〇〇〇万人がフランスに移った。宗主国フランスが容赦なく介入し、地方政府に指導者を強制して、骨董品や芸術作品を本国へ流出させたとされる。とはいえ多大の成果もあった。ブルジョワジーがはじめて実権を行使し、一七八九年の原理を実践するようになった。他方古い国々が同じような体制をもった共和国として融合しはじめたことによって、イタリア統一運動の出発点が生まれた。十八世紀の重農主義は、経済的障壁が廃されて一様な経済圏が形成された半島を夢想していた。しかし今や統一のテーマは政治的に積極的内実を帯びるにいたった。フランスの干渉は、イタリア人に個性を自覚させることを可能とした。総裁政府から派遣された人びとのたびかさなる貪欲で拙劣な行動が、宗主国への反発をますます強め、また主導権が地元の枠組みからすり抜けてしまういわば「受動的な革命」を乗り越えたいという願望を触発した。そうした反感や願望が統一化への起爆剤となったのである。この運動はフランス国民への呼びかけや請願、ボローニャにおける秘密結社「ラッジ」(1)の活動、あるいはとくにフランス化の波に対する文学上の反作用となって現われた。

（1）「ラッジ（光の意）」。統一と反ナポレオン主義的独立を目指すこの結社は、一七九八年ボローニャでフリーメイソンのアレッサンドロ・サヴィオーリ伯爵（一七四二〜一八一一年）によってつくられた。「ラッジ」には兄で詩人・歴史家のルドヴィコ・サヴィオーリ（一七二九〜一八〇四年）等が参加し、北部および中部イタリアの啓蒙活動に寄与した〔訳註〕。

ナポリ出身のヴィンチェンツォ・クォコ(1)（一七七〇〜一八二三年）、ピエモンテ出身のカルロ・ボッタ(2)（一七七六〜一八三七年）といった歴史家はイタリアの過去を分析して、教訓と希望の根拠を引き出そうとした。詩人ウーゴ・フォスコロ(3)（一七七八〜一八二七年）の力強い声がひびき、同時代人にみずからの責務を知ろうと説く。短詩『解放者ボナパルトに捧ぐ』において彼は「統一」を予言する。

（1）ヴィンチェンツォ・クォコ（Vincenzo Cuoco, 1770~1823）。作家・歴史家 著者に『ナポリ革命論』（一七九九年）〔訳註〕。
（2）カルロ・ボッタ（Carlo Giuseppe Guglielmo Botta, 1766~1837）。医者・歴史家。立法府議員。歴史家フランチェスコ・グィチャルディーニのライヴァルであると同時に彼の『フィレンツェ史』完成に協力する〔訳註〕。
（3）ウーゴ・フォスコロ（Niccolò Ugo Foscolo, 1778~1827）。ザンテ島出身でヴェネツィアに移り、ナポレオン軍士官としてオーストリアとして戦う。王政復古後は陰謀事件に加担して失敗、イギリスに亡命〔訳註〕。

とこしえの光に包まれしイタリアよ
おまえの地平に新たな曙光が射す……
見よ、ちりじりに分かれたおまえの民が結ばれて、
偉大な一つの民族となるのを！

さらに彼は告白的自伝ともいうべき小説『ヤコポ・オルティスの最後の手紙』において、ロマンチシズムの熱気に震えながらも、「他国に身売りした」祖国イタリアを前にした絶望を苦いペシミズムで吐露した。

「三年時代」の国民的経験は、総裁政府の破滅的終局と、第二次対大仏同盟から味わった外交的敗北とによって悲劇と化すかに思われた。一七九九年三月から八月にかけて英露連合軍はポー平原に侵入しアルプスまで進んだ。反動勢力の復讐があいつぎ、ジャコビーノはしばしば波乱万丈の国外逃亡に走った。ナポリ王国では文字通り白色テロルが横行し、フランス軍は「聖なる信仰者」(1)実は農村部の狂信的な反徒によって釘付けにされた。枢機卿ルッフォはシチリア島から血の気の多い盗賊の首領悪魔の修道士(2)とともに上陸し、ナポリを奪回した。さらにネルソン率いるイギリス艦隊が到着するや、パルテノペア共和国の政府要人が、無慈悲な殺戮の逆襲にあった。

(1) 枢機卿ファブリッツィォ・ルッフィオによって組織された、パルテノペア共和国にたいする教皇派の反対運動〔訳註〕。
(2)「悪魔の修道士」は、反ナポレオン運動で蜂起した盗賊上がりのナポリ人、ミケーレ・ペッツァ(一七七一〜一八〇六年)の異名。黒衣の装束で果敢に闘ったあげく、捕らえられナポリで絞首刑に処せられた〔訳註〕。

Ⅲ　ナポレオン時代のイタリア(一八〇〇〜一八一五年)

フランス周辺では皇帝の息のかかった属国が親族に与えられる。そういう「家族システム」が次第に実現されていった。

1　イタリア共和国（一八〇〇〜一八一五年）

第二次対仏大同盟が粉砕されて全体的な平和が訪れ、イギリスとのアミアンの和約が結ばれると（一八〇二年三月二日）、特権的権利をにぎった第一総裁は、イタリア構想実現に自由に腕をふるえるようになった。オーストリアとのリュネヴィル条約[1]締結（一八〇一年二月九日）によって、ロンバルディアの譲渡とトスカーナの放棄が確認された。フランスは、マドリード条約（三月二十一日）でスペインから得たトスカーナ大公国を廃し、エトルリア王国に格上げした。この王国は、スペイン王女と結婚したブルボン＝パルマ家の皇子にあたえられた。ナポリ王国は、条約（三月二十六日）によってその軍事基地がフランスに譲渡され、パルマ公国はフランスに併合された。

（1）リュネヴィル条約。オーストリアは第二次対仏大同盟を結成し、北イタリアやライン方面に侵攻していたが、一八〇〇年にマレンゴの戦いとホーエンリンデンの戦いでフランスに敗れたことで講和を余儀なくされた。講和によって大同盟は崩壊し、イギリスのみがフランスとの戦争を続けることになった。トスカーナはフランスへの譲渡（直後に大公国は廃止、エトルリア王国になる）が決められた〔訳註〕。

これを境に以後数年間というもの、北部イタリアは独立史上最も輝かしい時代を経験することとなり、その点にかんする功績は穏健派の立て役者フランチェスコ・メルツィ・デリル[1]（一七五三〜一八一六年）に帰せられる。メルツィはロンバルディアの啓蒙主義的改革派のなかから育った人物で、ジャコビーノの共和主義者や連邦主義者には反感を抱いていた。彼の夢は、スペイン王あるいはサヴォイア王に託され、同時にフランスとオーストリアの仲介役としての力ももつような新しいイタリア王国の創立であった。だがボナパルトは、独自の展望を押しつけた。一八〇一年十二月、彼はリヨンで名士会[2]を開きチザルピーナ共和国の名士四四一人をあつめ、ロエドレ(3)によって起草された新憲法草案を付託した。文案はフランスの執政官制からじかに着想され、ブルジョワジーと貴族階級の優越にもとづく権威主義的専制体制を確立しようとしていた。納税額によって制限された投票によって、会の機構に任命される人物のリストが確定される。ボナパルトは半島北部をヨーロッパ的戦略上の一駒として緊密に掌握するため、生まれ変わったチザルピーナ共和国の首長になることを望んだ。タレーランによって巧妙に操られた名士会は新憲法を承認したが、ボナパルトを首長に指名することにはためらいを見せた。結局一八〇二年一月二十六日、第一執政が個人的に介入せざるをえなくなり、三度目の投票によってボナパルトを大統領、メルツィを副大統領とするイタリア共和国が誕生した。メルツィは一八〇五年まで精力的に活動を展開し、フランスの総裁政府をモデルとしながらも、その執行権においてあるいは個人的選択において、とくに司法面で大幅にイタリア的な部分をのこした。穏健派の協力者(エネルギッシュなプリナ首相やパリ関係担当の外交官マレスカルキなど)にたすけられつつ、彼はフランス人の主人[ボナパルト]の目標をイタリアの現実に移しかえ、フランス革命によって得られた成果に高度に集権化された国家の効率を結びつけようと腐心した。フランスの政教条約(4)(一八〇一年)にならって教会財産が売却され、一八〇三年九月十六日教皇とのあいだに擬似的な協約が交わされた。これによってカトリック教は特権的地位は認められたが、厳格な組織法上の後見に服することとなった。共和国内は県、地区、町村に分割され、重い財政負担(税金は一八〇二年の七三〇〇万リラから一八〇四年には一億四〇〇〇万リラになった)にもかかわらず支配階級は満足した。国有財産にたいする投機、農産物価格の高騰、軍事物資の供給、シンプロン峠の開通による取引の活発化等によって富裕化したブルジョワジーは、啓蒙的専制主義の理想が実現されたと思ったであろう。

（1）フランチェスコ・メルツィ・デリル（Francesco Melzi d'Eril, 1753~1816）。ナポレオン一世時代のイタリア共和国副大統領（一八〇二~〇五年）。当初ナポレオンに協力的だったが、皇帝が決して統一を望んでいるわけではないと知って隠退する〔訳註〕。
（2）参考文献WⅠ、三三〇頁~、CH、一七八頁~〔訳註〕。
（3）ロエドレ（Pierre-Louis Roederer, 1754~1835）。弁護士、政治家、歴史家〔訳註〕。
（4）領土内おけるカトリック教会の地位にかんするローマ教会と政府間の協約、一八〇一年、教皇ピウス七世とボナパルトとのあいだで結ばれた〔訳註〕。

2 イタリア王国と家族的領邦（一八〇五~一八一五年）

一八〇四年五月十八日ボナパルトは世襲皇帝となり、ついで一八〇五年三月十七日彼はミラノの名士会の勅令でイタリア王となることを宣言し、この聖アンブロシウスの都市でみずからロンバルディア王の鉄の冠[1]を頂いた（一八〇五年五月二十六日）。これ以後、イタリア共和国の実験につづき、フランス化、あるいは第一帝政への従属化がはじまる。ナポレオン一世のヘゲモニーがヨーロッパ社会に拡大するにつれて、そしてボナパルト家の同族システムが明確化し、イギリスにたいする大陸封鎖実現のために沿岸諸国統制の必要性がますます痛感されるにつれて、イタリア半島の政治地図は恣意的に塗りかえられ、敵から奪った土地でひろげられ、廃止され、変形されていった。

（1）キリストの受難に使われた釘でつくられた冠と言われ、中世以来イタリア王権の象徴とされた。現在モンツァ（ロンバ

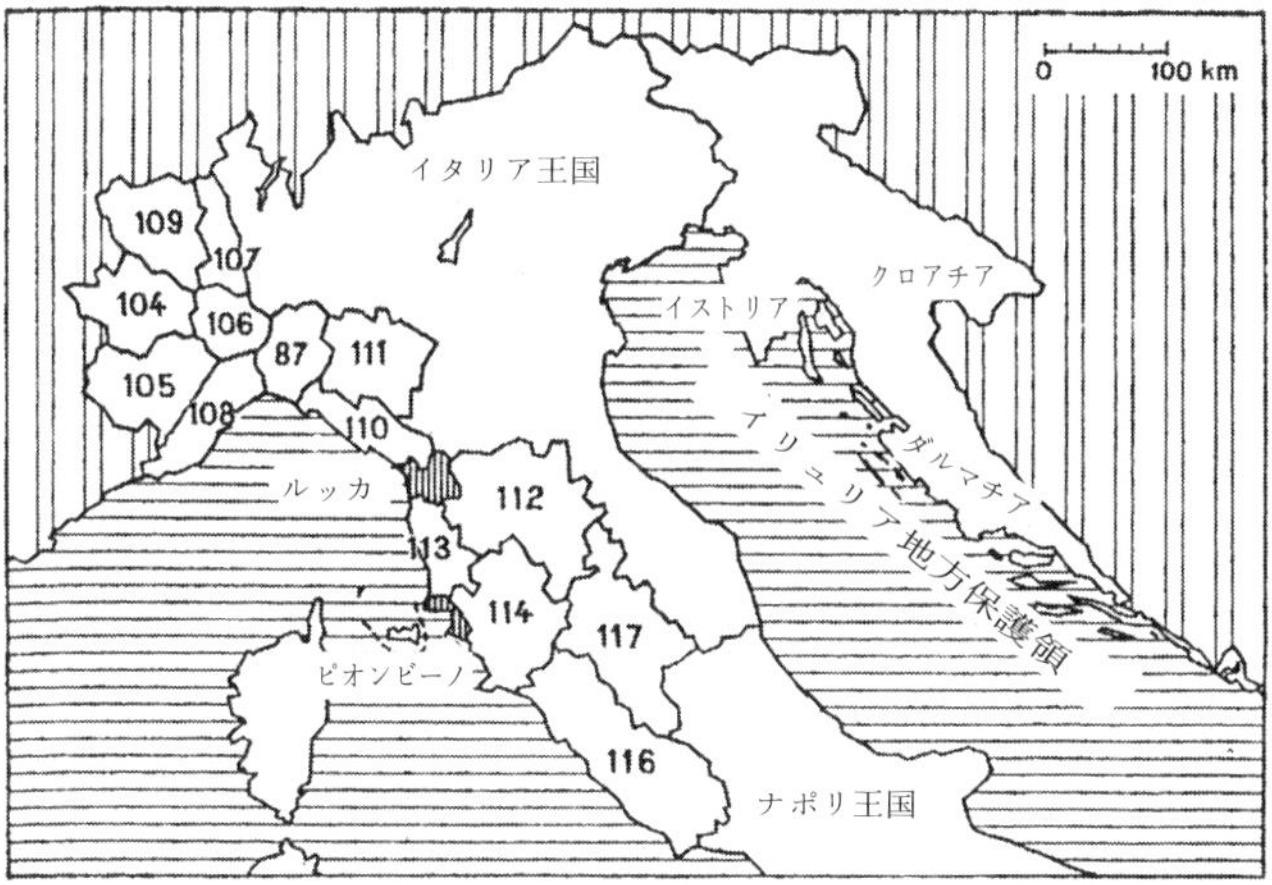

図１　ナポレオン時代のイタリア（１８０１～１８１４年）

フランス第一帝政時代のイタリアに含まれた国

• イリュリア地方保護領
• イタリア王国
• ミュラに下賜されたナポリ王国（イギリスに占領されていたシチリアはのぞく）
• フランス帝国に併合された旧諸国（イギリスに占領されていたサルデーニャはのぞく）

以下番号で征服された県を示す

1802 年：ピエモンテ（104 ポー；105 ストゥーラ；106 マレンゴ；107 ラ・セシア；108 タナーロ；109 ドーラ）

1805 年：リグリア（87 ジェノヴァのリヴィエラ；108 モンテノッテ 110；アッペンニーノ）

1808 年：トスカーナ（ルッカならびにピオンビーノ公国をのぞく）；（112 アルノ；113 メディテラネオ；114 オンブローネ）；パルマ（111；ターロ）

1809 年：教皇諸国（116 テベレ；117 トラジメーノ）

（ルッカならびにピオンビーノはナポレオンの妹エリザの所領となったが、ウィーン会議後はルッカ公国、1847 年後はトスカーナ大公国に再編された〔訳註〕。）

ルディア）の聖堂に保存されている〔訳註〕。

こうして三つのパターンがイタリアを分かち合った。

a　併合諸国。これらの国々は本国［フランス］に統合される。ピエモンテ（一八〇二年）、リグリア共和国（一八〇五年）、短命なエトルリア、パルマ、さらに教皇領マルケは、一八〇八年フランスの県とされた。一八〇九年五月、皇帝と教皇ピウス七世とのあいだに紛争が起こり、教皇の世上権が廃された。残っていた総督国家（ローマ、ラティウム、ウンブリア）がフランス帝国に統一された。

b　イタリア王国。ここではメルツィ・デリルは私生活にもどり、副王に指名されたナポレオンの義子ウジェーヌ・ド・ボーアルネ[1]とジュゼッペ・プリナ[2]によって厳重なフランスの監視下におかれた。一八〇五年、第三次対仏大同盟が崩壊すると、イタリア王国はオーストリアから奪回したヴェネト地方によって拡大し、一八〇九年、第五次対仏大同盟にたいする戦勝の末トレンティーノを得たが、ダルマチアとイストリアは失った。あとの二国はイリュリア地方という名の下に同国の直接統治領域として管轄されていた。封建的体制の概念にしたがって半島は政府高官にあたえられる一八の公国と、タレーランとベルナドットにあたえられる二つの君主国ベネヴェントとポンテ・コルヴォに区分された。

（1）ウジェーヌ・ド・ボーアルネ（Eugène Rose de Beauharnais, 1781~1824）。ジョゼフィーヌの二回目の結婚で生まれた息子、ナポレオンの義子〔訳註〕。

（2）ジュゼッペ・プリナ（Giuseppe Prina, 1766~1814）。皇帝に乞われてプリナはウジェーヌ・ド・ボーアルネ統治下のイタリア王国政府で有能な財相として働き、戦費の負担に苦しむ国家財政のため重税を課した。ナポレオン降伏のニュースが届くと（一八一四年四月）、檄昂したミラノ市民により傘でつつかれるリンチにあい虐殺された。とはいえ人びとが襲った彼の私邸には高価なものはなく、清廉な生活を証明するものばかりだった。

この悲劇的事件は、スタンダールの『パルムの僧院』をはじめ十九世紀の数々の文芸作品に採り上げられた〔訳註〕。

c　同族国家。一八〇五年以降実現され、ナポレオンの妹たちにあたえられた国々で、ルッカはエリザ・バチョッキ、グァスタッラはポーリーヌ・ボルゲーゼのものとなった。同盟国側に加わったナポリ王は王位を追われ、シチリアに逃げてイギリス艦隊の庇護をうけることとなった（一八〇六年）。後釜に座ったのは、スペインから呼ばれた皇帝の兄ジョゼフ・ボナパルトで、そのジョゼフも一八〇八年六月ナポレオンの義弟ジョアシャン・ミュラに王位を譲った。

フランスはイタリアに深い刻印を遺した。それは、当時なお中世的であった南イタリアよりも、社会構造が宗主国に近づいた北イタリアにおいてとくに深かった。ナポリ王国では、イタリア南部の風土病ともいうべき農民の略奪行為が横行し、治安の度重なる乱れを抑えるため四万の軍隊出動が要請された。言語におけるフランス化は急速で、時間の問題だった。法規範は、公法もふくめてすべてパリにならった。一四の県においては、程度の差こそあれ明確にナポレオン的集権化によってイタリア的な生活は一様な鋳型に流し込まれ、専門的な官僚集団の恩恵に浴した。初期リソルジメントの世代は、すべてこうした学習時代とその制約の痕跡をたもちつづけるであろう。伊仏両国のあいだには技術や学者の実り多い交流が生まれた。ナポレオンが本国に招聘したイタリア人は理工科学校や兵学校に入学し、あるいはまた県行政や国の主要機関の仕事について手ほどきをうけた。たとえばプロスペロ・バルボ(1)は後にピエモンテの閣僚となり、ジェノヴァ人コルヴェット(2)は一八一五年以後もフランスにとどまった。逆にナポレオンはアルプスの向こうにエリート官僚や知事を派遣した（たとえばローマへはトゥルノン伯、サヴォーネにはシャブロル＝ヴォルヴィック伯、あるいはナポリにはミヨ、サリチェティ、ロエドレらが送られた）。

（1）プロスペロ・バルボ（Conte Prospero Balbo, 1762〜1837）。知識人、法律家、政治家。トリノ科学アカデミーの終身会長〔訳註〕。

（2）コルヴェット（Louis-Emmanuel Corvetto, 1756〜1821）。ジェノヴァ出身の法律家。一七九七年成立したフランス寄りのリグリア共和国で軍事。財政を担当した〔訳註〕。

フランス的体制は、啓蒙的専制主義と姉妹関係にある諸共和国によって企てられた旧体制の解体事業を継続させた。とくに一八〇六年八月にミュラが赴任したナポリでは、この事業が徹底的に遂行された。彼は封建制度を廃止し、大規模領地の分割をさかんに行ない、多くの宗教団体を廃してその財産を国や町村に譲渡させた。たしかにこうした措置は完全に実行されたわけではなく、一八一六年のブルボン復興とともに無効とされたとはいえ、農民にたいしてはともかく公務員、法官、新秩序についた軍人などいわゆるブルジョワ的階層にたいしては利をもたらした。

支配階級が徐々に一様化していく傾向に対応して、軍隊という新たな同化要因が強力に働くようになった。大衆にきわめて不人気な徴兵制がイタリアに導入され、求められる兵員数は増加の一途をたどった（一八一〇年の四万九〇〇〇人から一八一二年には九万二〇〇〇人）。しかしこうした兵士たちは、苛酷な体験のおかげでそれまで彼らを閉じこめていた枠を打破し、半島根性から脱皮して新たな地平をひらこうという気になった。なによりも帝政時代は、祖国とその指導者に身を捧げるようなフランス化された官僚を鍛え上げた。そういう復活した市民生活の単調さに適応できない情熱的で若い青年たちを、王政復興は路上に投げ出した。そして彼らこそは、ナポレオン伝説に忠実な信徒や、自由主義的セクトや陰謀にくみする新人の供給源となっていくのである。

経済問題については総合的研究が欠如していてわれわれの知識は充分とは言えないが、E・タルレ[1]の示すところは妥当と思われる。それによればナポレオンは対イギリス戦を大陸封鎖によって戦うかぎりにおいて、イタリアを従属させたいと考えていた。イタリア半島は工業化されて本土に生糸、羊毛、綿、農産物等を供給するべき国であるとされた。したがってこの「経済的植民地」は、イギリス製品を禁制とすることによって生まれた大陸の工業をあまり利用しなかった。フランスを利するために結ばれた関税制度は、併合された諸県と、同族国家や七〇〇万強の人口をもつイタリア王国とを分離した。全体的に見て一八一〇年から一二年までは王国経済の収支はやや黒字であったが、末期になると広い沿岸地域をもつイタリアにとって有害な大陸封鎖のため消費物価は上昇し、強力な密輸禁止措置にもかかわらず港湾都市は徐々に窒息していった。

(1) イフゲニー・タルレ(Yevgeny Tarle, 1874~1955)。ソ連の歴史家、科学アカデミー会員〔訳註〕。

だが全体としては統一経済の体験は、「リソルジメントの将来にとって大いに役立った」(A・フォッサーティ)。貨幣の統一化、フランス的なスローガンの定着、ナポレオンの道路政策等によって資本の流動化がすすみ、取引の範囲が拡大した。輸送路はシンプロン峠についでモン・スニ峠(一八一〇年開通)から地中海沿岸の断崖路《コルニーシュ》をこえた。イタリアの主要都市は、アドリア海沿岸のラ・スペツィアと結ばれた。イタリアの大都市は、こんにちなお帝政時代独特のハイセンスな都市改造事業の痕跡をとどめている。ヴェネツィア、フィレンツェ、ナポリ、さらにミラノやローマが全体的に趣味と技能をもってなされた改造事業から恩恵を受けた。

こうした［ナポレオン時代］の全体的な鳥瞰図を曇らせるような要素は確かにいろいろあった（たとえば人や金の苛酷な徴発、美術品の流出、サヴォナからフォンテヌブローへとたらい回しにされた教皇ピウス七世との激しい軋轢など）。にもかかわらずイタリア社会は帝政下において大きな前進を遂げた。ナポレオンへの絶対的な服従のなかにありながらイタリアの芸術と思想は、古典主義時代という過去の貴重な遺産の発掘によって活力と啓示を得、さらにフォスコロ（『墳墓』、一八〇六年）、ヴィンチェンツォ・モンティ[1]（一七五四〜一八二八年）等の情熱的詩文を通して国民的に統一にもとづいた自主独立を求めつづけたのである。

（1）ヴィンチェンツォ・モンティ（Vincenzo Monti, 1754~1828）。教皇派の詩人としてピウス六世に仕え、フランス革命に反対し、教皇を称える詩『使徒巡礼』（一七九三年）をつくる〔訳註〕。

3　ナポレオン帝国の失墜と旧体制の復興

ロシア戦に失敗し（一八一二年）、ドイツ戦に敗れた（一八一三年）ナポレオン帝国は、対仏大同盟の攻撃にさらされ、雪崩をうって崩壊していく。イタリアでは副王ウジェーヌ・ド・ボーアルネが、オーストリア軍の攻撃を受けてサヴァ川からアディージェ川へ歩一歩と後退した。彼の抵抗は、オーストリアと手を組んだミュラの離反によって万事窮した。一八一四年四月十六日、ナポレオン降伏の後を追って彼は、マントヴァに近いスキアリーノ＝リッツィーノ城[1]で停戦条約に調印した。イタリア王国をまもりぬきたいという彼の希望は、ミラノで起こったプリナ首相が暗殺されるほど激しい反フランス運動をまえに潰えた。半島内のすべての国々の主権者は逐われて、帰国の途についた。ミュラは、そのナポリ王国の統治資格についてウィーン会議でルイ十八世の復位したフランスとイギリスによって否定されるや矛先をオーストリアに向け、イタリア国民に自由と独立を求めて戦おうと呼びかけた。トレンティーノの戦いで敗れた彼は、亡命の道を歩み始めた。しかしブルボン復興に対する国民の不満をあてにして、ボナパルトのエルバ島からの帰還には、彼も自身の命運をかけてみた。だがピッツォに上陸し、カラブリアに入った彼はただちに捕らえられ、銃殺された(一八一五年十月十三日)。

(1) 一八一四年四月のボナパルト敗北の知らせを受けて、メルツィ・デリルはウジェーヌをイタリア王国の王として残そうとし、マントヴァに近いスキアリーノ＝リッツィーノ城で交渉を行なったが、この延命策は失敗に終わった〔訳註〕。

一八〇〇万から二五〇〇万に人口の膨れたイタリアは、ウィーン会議において正統主義の原則にもとづいて再組織されることとなり、追放されていた君主たちは一七八九年以前の権利を回復する方向にむかった。同時に圧倒的優位に立ったメッテルニッヒによってヨーロッパ共同政策が推進された。それは、ロシア皇帝アレクサンデル一世が夢見た「神聖同盟」の枠組みのなかで、なかんづく定期的な国際会議と軍事介入にもとづいてジャコバン的精神の蘇生をおさえ、革命と帝政のなかで目覚めた自由な民族運動を窒息させようとする政策であった。

第二章　ロマン主義的革命の失敗（一八一五〜一八四九年）

I　新しい世界

1　復古

諸君主の領土的野心と大国間のバランスへの関心とがあいまって、イタリア半島の新たな政治的地図が塗り替えられていった。オーストリアは支配力を強化し、最も豊かで人口密度の高い地域をおさえた。ロンバルディアとヴェネトはロンバルド＝ヴェネト王国を形成し、オーストリア帝国にとって不可欠な部分となった。ウィーンの影響力はハプスブルク＝ロートリンゲン＝エステ一家に屈した諸国に及んだ。(1)この一族はまたモデナ、マッサとカッラーラ（フランチェスコ四世の領地）、トスカーナ（フェルディナンド三世の領地）、さらにナポレオン一世の妻マリア＝ルイーザに一代限りであたえられたパルマをとりもどした。メッテルニッヒは教皇諸国を監視した。これらの国々は枢機卿コンサルヴィの努力で全面的にピウス七世に返還されたが、メッテルニッヒはいくつかの総督領の城塞都市に駐屯部隊をとどめた。将来的にはパルマをとりもどすことになるブルボン家は、ルッカ（マリア＝ルイーザ公妃の所領）、ナポリそしてシチリア（フェルディナンド四世[2]の所領）において復活した。ピエモンテでは一八〇二年に即位したヴィットリオ・エマヌエレ一世が、最初のパリ条約でフランスと分有していたサヴォイアの全土を取り戻し、さらにジェノヴァ共和国を併合して拡大した。

（1）初代オーストリア皇帝フランツ一世は、父レオポルト二世からハプスブルク＝ロートリンゲン家を受け継ぎ、生涯四度結婚した。三度目の皇妃マリア＝ルドヴィカ・ベアトリクスは、彼の従妹であると同時に、オーストリア＝エステ大公の公女であった〔訳註〕。

（2）フェルディナンド四世（Ferdinand IV, 1751~1825）。スペイン王カルロス三世（ナポリ王としてはカルロス七世）とポーランド王女マリー＝アメリー・ド・ザックスの息子。両シチリア王国の王としてはフェルディナンド一世。ナポリ王国の王としては帝政前（一七五九～九九年）、と王政復古後（一八一五～一六年）の二期に分かれてフェルディナンド四世。シチリア王としてはフェルディナンド三世（一七五九～一八一六年）〔訳註〕。

このような手直しはフランス帝政時代に始まった統一化から見て明らかに退行であり、マッツィーニ[1]の怒りが爆発する。

（1）マッツィーニ（Giuseppe Mazzini, 1805~1872）。ジェノヴァ出身のの革命家、熱烈な愛国主義的共和主義者、イタリア統一運動の代表的指導者の一人〔訳註〕。

「われわれには国の紋章がない。政治的名称もなければヨーロッパ諸国における投票権もない。共通の中心点もなければ共同市場もない。われわれは八つの国に分裂し、互いに同盟も、見解の統一も、定期的な接触もないまま独立している。各国の悲しむべき内政事情から生じた障害は言うにおよばず、八本の税関区境界線がわれわれの物的関心を分裂させ、われわれの進歩を阻み、製造業を増やしたり広範囲の商活動を行なうことを禁じている。厖大な禁止事項や法規制が輸出入のまえに立ちはだかっている。ある地方では土地や工業の生産物が豊かなのに、別の地方ではそれらが不足している。余剰生産物を売ったり買ったりして均衡をはかることができない。貨幣、計量、民法、商法、刑法もそれぞれ八つに分かれていて、われわれはまるで互いに外国人として暮らしているのである」。

だが実際に観察してみれば、一八二〇年までの王政復古運動は全体として穏やかで、ナポレオンの行政制度と法体系の枠内で啓蒙的専制による家父長的改革の推進力を持続させていたことが分かる。

そうした例が、マリア＝ルイーザと彼女の第二の夫ナイペルグ伯爵(1)が治めるパルマであり、ルッカであった。とくにレオポルトの法体系が再発効したトスカーナは、懐疑的で妥協的な保守主義者の大臣フォッソンブローニによって二〇年以上のあいだ見事に統治された。ロンバルド＝ヴェネト王国では、杓子定規のオーストリア的行政が国有財産の売却が確定し、本質的にはイタリア王国の刻印をのこす立法化の方向から逸れることはなかった。他方外国の占領は、文字通り財政上の搾取をともない、全帝国内の資源の三分の一の資源をウィーンに吸い寄せた。ナポリ王国では一八一八年にナポレオン型の法典が発効し、シチリアは決定的に王国に組み入れられた。しかし封建制も部分的に復興し、亡命貴族は賠償を受けた。メッテルニッヒは、一七九九年の血なまぐさい反動に通じる行き過ぎを防ぐよう腐心し、ルイジ・メディチはフランス的体制から最も役に立ちそうな人間と制度をのこそうとして、「アマルガム」政策を実行した。モデナはピエモンテ王の婿で野心的反動的なフランチェスコ四世が治めたが、見通しが暗くなっていった。教会諸国も同様で、そこでは中央集権化を確立しようとするコンサルヴィの努力にもかかわらず、経済発展の遅れと寄せ集めの立法化がもつ根本的欠陥が、保守的分子からの影響力増加とあいまって、政府を動脈硬化と無能力状態に逆戻りさせていた。ピエモンテでは復興はきわめて特異な調子を帯びた。この社会は他の多くの地域とちがって啓蒙主義による改革があまりすすまず、王政は権威主義、軍国主義そして伝統主義の色彩が強く、王朝伝来の領土拡大の夢にとりつかれていた。それゆえ反革命を代弁するジョゼフ・ド・メストル(2)のような理論家の影響を受けて、古い特権階級が重苦しい教会の家父長的雰囲気のなかで勢威をとりかえしたが、一七九六年以後「大民族国家」の理想に傾倒してきたブルジョワジー、ジャンセニスト、ジャコビーノにとってそれは耐え難い雰囲気であった。これと大きな対照をなすのが、海洋と貿易に向かって開かれた国際都市ジェノヴァで、そこでは商人や船大工といった裕福な階級がピエモンテの苛立たしい後見に耐え、失われた共和国の華やかさを懐かしんでいた。

(1) ナイペルグ(Adam Albert Neipperg, 1775~1829)。一八一四年、ナイペルグは、皇妃マリア＝ルイーサがナポレオンを追ってエルバ島に行くのを妨げるため、彼女に付き添ってエクス＝レ＝バンに連れて行った。彼は「一〇週間で彼女の最良の友人となり、半年で愛人にしてみせる」と豪語し、そのとおり実行し、貴賤相婚で結ばれた〔訳註〕。

(2) ジョゼフ・ド・メストル(Joseph de Maistre, 1753~1821)。サヴォイア出身の政治家、哲学者、歴史家、密教主義者。フランス革命に対する反対論で有名〔訳註〕。

2　リソルジメントとイタリア文化の問題

十九世紀の歴史のなかで最も議論の多い問題の一つは、国民的統一感情の牽引力となった思想的潮流やさまざまな社会階級がリソルジメントにおいていったいどのような役割を果たしたか、という問題である。理想派の意見によれば、国民的覚醒はなによりもまず民族的道徳的現象であって、その点において支配層の意志と観念は大衆の行動や経済問題よりも一歩先んじていたとされる。歴史家たちはこれと逆に、さまざまな事象のなかに大幅な国民的参加の証を探し出そうと努力をつづけてきた。

リソルジメントがすぐれてブルジョワ階級が達成した事業であることは明らかであり、彼らの政治思想と物的関心は新秩序の要求において相呼応していた。国民的修辞はこぞって国家前進の神話をつくり、マッツィーニのように民族の力を称える大らかな抽象的言辞も現われた。しかしそれらが政治と革命においてどれほど有効であったかを判断するためには、われわれはつねにイタリアの大衆の生存条件を念頭におかなければならない。一部の北部地域をのぞけば、労働人口の大半を形成しているのは農村社会であり、彼らは日常生活の物質的問題にかまけて、市民意識をもつどころか、出来事の基本的理解にさえ達していなかった。独立運動揺籃の地となったサルデーニャ諸国では、一八四八年の識字率が男子六四パーセント、女子七七パーセントであった。解放闘争が頂点に達した一八六一年には、半島北部で六歳以上の住民一〇〇人にたいして、文字の読めない人は五三・九人、同じく中央部で七七・八人、南部で八六・三人、東部で八八・八人であった。このように群衆の力は荒れ狂い逆巻く奔流のなかで積極的な蜂起の方向にむかったり、山賊行為に走って南部の反動の動きを利したりしたが、決して重要な動因となることはなかった。

「祖国統一を実現するのは文化だ」と、一八七五年、大批評家フランチェスコ・デ・サンクティス(1)は叫んだ。たしかに旧体制復興とともにさまざまな思想がたぎりだし、政治的テーマと審美的関心がないまぜになったり、対立するようになった。

（1）フランチェスコ・デ・サンクティス（Francesco Saverio de Sanctis, 1817~1883）。十九世紀イタリア文学研究家、歴史家、政治家。ダンテの研究で知られ、チューリッヒ大学教授で教鞭を執る。プルードンを紹介し、無政府主義を唱える〔訳註〕。

(a)「反動的傾向」。この派の信奉者はとくに貴族ならびに聖職者階級から人をあつめ、啓蒙主義と革命原理にたいする批判を行なった。それは宗教の自由の観念にたいし信仰と統治行為の面における絶対的教権の理論をもって対抗した。ル・ラムネーは初期の作品『宗教上の相違にかんするエセー』（一八一七年）で、さらにジョゼフ・ド・メストルは『教皇論』（一八一九年）で、イタリアのカトリックに強い影響をあたえた。

(b)「穏健派」。まちがなく最も有力な一派。この派の運動は一八世紀の改革的土壌に深く根を下ろした。ミラノではルイジ・ポッロ・ランベルティンギとフェデリコ・コンファロニエリがジョヴァンニ・ベルケットやシルヴィオ・ペッリコとともに『仲裁者』を創刊し（一八一八~一九年）、ロンバルディアの文化的経済的覚醒のために戦った。フィレンツェ・グループはより多くの注目を浴びた。ジャンピエトロ・ヴィエッセウ（一七七九~一八六三年）は総花的な定期刊行誌『詞華集』を創刊し、ダルマチア人の哲学者で批評家ニッコロ・トマセオ（一八〇三~七四年）や教育学者で歴史家のトスカーナ人ジノ・カッポーニ（一七九二~一八七六年）らと穏健な自由主義を広めた。さらにこれらの人びとに、スタール夫人の弟子で経済学者にしてエッセイスト、ジャン＝シャルル・シモンド・ド・シスモンディ(1)の影響が加わった。

こうした文人で指導者となった人びとが、統一化が始まってから何年ものあいだ、エリート集団の政府について考えることとなる。彼らは社会原理なき改革派であるが、A・M・ギザルベルティ(2)がいうように、「社会的な事実や実践的解決の試みに通じる具体的問題の研究を刺激したのは、彼らの功績としなければならない。鉄道から貯蓄銀行、農業生産の改善から工業発展、農業技術研究会への公的扶助から科学会議といった組織化はすべては国家建設の布石であり、組織した人びとの意志とは無関係に、本来政府や警察が配慮すべき意義を帯びるはずであった」。これらの布石にある現実的な経験主義は、国民意識の醸成にいちじるしく貢献した。人びとは穏健主義派の運動に科学的芸術的運動の意義をむすびつけて考えざるを得なかった。はっきりと定式化された政治的内容こそもっていなかったが、この意義もまた大きなテーマをになっていたのであり、それを中心にして統一への感性と心性が組織化されていったのである。哲学においてはヴィンチェンツォ・ジョベルティ(3)やアントニオ・ロスミニ、セルバティ(一七九七〜一八五五年)らが、カトリックのドグマを近代的思想の要請に妥協させることを狙っていた。

(1) ジャン＝シャルル・シモン・ド・シスモンディ(Jean-Charles-Léonard Simonde de Sismondi, 1773~1842)。スイス出身の経済学者。フランス最後の古典派経済学者であり、国家による社会改良を求めたことから経済的ロマン主義の始祖とされる。もともとは自由主義の立場であり、一八〇三年の『商業の富について』でアダム・スミスの『国富論』を紹介するなど、自由主義を擁護していた。しかし、イギリスで恐慌を目の当たりにして自由主義に懐疑的になる。そして、一八一九年の『経済学新原理』の出版を機に古典派経済学批判の立場に回り、イギリスのデヴィッド・リカードやフランス古典派のジャン＝バティスト・セイらと対立するようになった。恐慌論における過少消費説などで知られる。同時代人のトマス・ロバート・マルサスに比して評価されることは少ないが、価値論や恐慌論の研究でカール・マルクスの先駆者であり、マクロ均衡論の研究でジョン・メイナード・ケインズの先駆者であったという評価も最近ではなされている〔訳註〕。
（2）ギサルベルティ（Alberto Maria Ghisalberti, 1894~1986）。リソルジメント史を専門とする歴史家〔訳註〕。
（3）ヴィンチェンツォ・ジョベルティ（Vincenzo Gioberti, 1801~1852）。哲学者、政治家。カルロ・アルベルト、ヴィットリオ・エマヌエレ二世に仕え、サヴォイア家を中心とする統一運動において大きな役割を果たす。進歩的カトリック教徒として著作『イタリア人の道徳的・文化的優越について』がある。本書七一頁〔訳註〕。

諸民族からなるヨーロッパの各地でそうであったように歴史は、知的リソルジメント運動にとってもお誂えの道具のひとつであった。一八四二年カルロ・アルベルト[1]は、国民的歴史記念物をあつめて公開する目的でトリノに「郷土史学振興会」を設立し、ヴィエッセウはフィレンツェに「イタリア歴史文書館」をつくった。職業的歴史家チェザーレ・カントゥ（一八〇四~九五年）やカルロ・トロイア（一七八四~一八五八年）とならんで、有名な『概説イタリア史』の著者チェザーレ・バルボやミケーレ・アマリ[2]（一八〇六~八九年）のような国家的要人、あるいは中世史家ルイジ・ジブラリオ（一八〇二~七〇年）のペンからも愛国的作品が生まれた。他方この頃から流行した歴史小説の分野では、フランチェスコ・ドメニコ・ゲラッツィ（一八〇四~七三年）、マッシモ・ダゼーリョ[3]が過去のイタリアの繁栄と最もドラマチックな時代を描いて見せた。古典主義的制約にたいして表現と感情の自由を求めるロマン主義はあまりにも政治と重ね合わせになりやすく、愛国主義運動のために感情的対位として伴うことができなかった。造形芸術は、フランチェスコ・アイエツ（一七九一~一八八二年）の絵画をのぞけば高い頂をきわめることはなかったが、文学のほうはリソルジメントの歴史にとって不可分の要素となった。ジャコモ・レオパルディ（一七九八~一八三七年）の孤独で狷介なペシミスムは「政治参加」を拒否し、アレッサンドロ・マンゾーニ（一七八五～一八八二年）は有名な『婚約者たち』（一八二五～二七年）において保守的色合いをだした。あらゆる系列の作品が、ゴッフレッド・マメリ[4]（一八二七～四九年）の賛歌やジュゼッペ・ジュスティ（一八〇九～五〇年）の風刺、そしての政治的に追放された人びとのメモワールに接して愛国的熱意にふるえた。大衆にとって音楽は、おそらく独立と自由への願望を最も効果的に表現する芸術であった。ジョアッキーノ・ロッシーニ（一七九二～一八六八年）のオペラに登場する『ウィリアム・テル』やジュゼッペ・ヴェルディ（一八一三～一九〇一年）の英雄たちは、検閲をものともせず舞台上で国民的悲願を表明し、また『ナブッコ』[5]のコーラスでは囚われのヘブライ人とともに自由を求めるすべての人びとが「失われた祖国」のために溜息をついた。

（1）カルロ・アルベルト（Carlo Alberto, 1798~1849）。カルロ・エマヌエレの子、サルデーニャ・サヴォイア王。なお父カルロ・エマヌエレはポー川沿岸のカリニャーノ家に属したため、サヴォイア王になったためサルデーニャ＝サヴォイア＝カリニャン王と記されることがある。その他の経歴については本書五三頁他参照〔訳註〕。

（2）ミケーレ・アマリ（Michele Amari, 1806~1889）。パレルモ出身の歴史家、政治家〔訳註〕。

（3）マッシモ・ダゼーリョ（Massimo Taparelli d'Azeglio, 1798~1866）。思想家、リソルジメント運動家。ヴィットリオ・エマヌエレ二世の首相、外相を務める。カヴールを農業大臣として迎える（一八五二年）〔訳註〕。

（4）ゴッフレッド・マメリ（Goffredo Mameli, 1827~1849）。詩人、愛国主義者。ナポレオン三世によって派遣されたフランス兵とともにヴィッラ・コルシーニを攻撃して負傷し、感染症で夭折した。二十歳のときにつくった詩『イタリアの兄弟よ』は一九四六年にヴェルディの曲に付されて現在のつぎのようなイタリア第一の国歌となっている。
「イタリアの兄弟よ／目覚めしイタリアは／スキピオの兜をかぶれり。／勝利はいずこなりや？／頭を上げよイタリアよ／神がつくりたまいししローマの僕イタリアよ／つどいし我等は／イタリアの呼び声を聞きて／死を覚悟せり」〔訳註〕。

（5）バビロニアの王ナブッコ（バビロニアの建国者ネブカドネザル二世）をテーマとしたオペラで、一八四二年ミラノのスカラ座で上演したこの作品は、ヴェルディに最初の成功をもたらした〔訳註〕。

3　秘密結社と初期自由主義活動（一八一五～一八四七年）

自由主義的で愛国主義的なブルジョワジーは、絶対主義的な政府にたいしていかなる反対も唱えることはできなかったが、その反動はロマン主義的心性が英雄と陰謀のからむ神話のなかで培われるセクト崇拝となって現われた。イタリアはいわば秘密結社のメッカだが、その誕生と歴史はかなり曖昧模糊としている。超国家的組織をもった古いフリーメイソンは一八一五年に完全に没落した。というのもそれは、ナポレオン体制のもとでの公然たる順応主義と迎合主義のなかで活力を失ってしまったからである。その残骸から（その系統を直接受け継ぐとはいえないが）カルボネリーア[1]が発展し、そのロンバルディア版ならびにピエモンテ版たる教皇党と団結党[2]を吸収していく。イタリアの歴史家はカルボネリーアの起源をフランスと考える。すなわちナポレオン没落にさいしてフランス部隊にイタリアのとくに南部の兵を大勢動員したとき、その中継点となったのはフランシュ＝コンテであった。そのとき彼らにとって最初の自由の核となった人びとが、ジュラ山脈の木こりや炭焼きの同業組合に範をとって組織と名称をつくったというのが彼らの説である。いずれにしてフリーメイソンはカルボネリーアにセクト特有の密教的な用語と地下礼拝堂の儀式を教えた。カルボネリーアのセクトはヴェンディーテを組織単位として急速に半島に広がり、さらにフランスではヴァントとなって国中に普及した。カルボネリーアの配置ははっきりしていて、絶対主義で固まっている国、たとえばミュラが治めたナポリ王国、教皇国家やオーストリアの属国あるいはピエモンテなどである。平均的ブルジョワジーや軍隊が、カルボネリーアの新人を供給する。地方の小さな駐屯地の内部では、ナポレオン時代の波乱に満ちた生活や自由主義への郷愁に、その英雄伝説がくわわる。カルボネリーアの党員たちは大衆に愛着をもつわけではなく、何よりもまず旧体制復興にたいする反発から動き、これを転覆させようとした。彼らのプログラムにある建設的な部分は漠然としており、古い啓蒙主義的理想にフランス革命から伝えられた強力な民主国家への願望が混じったものであった。秩序の混乱した世界でカルボネリーアは敗北にむかってすすむ。しかし彼らの挫折と苦悩は統一プログラムの緩慢な成熟を準備しつつあった。

（1）カルボネリーア **carboneria** は日本語でカルボナリ党と訳されるが、**carbonari** はカルボナリ党員 **carbonaro** の複数の意であって党の意味はない。
カルボネリーアに起源については諸説があるが、現在最も有力とされるのは、ジャコバン派のピエール＝ジョゼフ・ブリオが、スペインのイザベル女王の迫害を逃れてジュラ山地や黒い森でつくった秘密組織「炭焼き兄弟組」を発展させて秘密結社とし、これに密教的なフリーメーソンのロッジが加わって革命的カルボネリーアが成立したとされる。参考文献FG、六五頁。性格は地域によって異なり、北部では反オーストリア的あるいは反ナポレオン的として立憲自由主義を目指し、南部ではナポリ王国に対して反スペイン的あるいは反ブルボン的というように一定していない。彼らの組織は本文に見るとおりヴァント **vente**（イタリア語でヴェンディーテ **vendite**）という二〇人のメンバーからなる組織を一単位とし、各組織は他の組織と切り離され、嗅ぎタバコの吸い方など秘密の仕草で仲間を識別したといわれる〔訳註〕。

（2）アデルフィーア「団結」参考文献WⅠ、三八八頁〔訳註〕。

4　一八二〇～一八二一年にかけての革命運動

教皇領マルケの都市マチェラータで一八一七年以来準備し、起こした小さな反乱が失敗に終わったのちグリエルモ・ペペ将軍に指導されたナポリ蜂起に火をつけたのは、一八二〇年一月から三月にかけて起こったスペイン革命であった。フェルディナンド四世は軍の蜂起に屈服し、摂政の座を息子フランチェスコ一世に託し、マドリードで再発効された一八一二年のスペイン憲法を認めた。伝統的な血統によって王家はスペインと結ばれ、この法文の規定（それ自体は一七九一年のフランス憲法から派生したもの）は南イタリアの社会構造に格別適合していた（たとえば強大な特権を握る君主と富裕階級のあいだにおける権力の分立、三段階の納税制限による選挙、穏健自由主義のナポリ人の願望にそった行政の分散とカトリックにのこされた特権的地位）。しかるに権力の座に復帰した旧ミュラ王国時代の指導者たちと、分離派としてパレルモで立憲議会をつくるシチリア貴族とのあいだに深刻な分裂が生まれる。何度かの調停が失敗し、国家の一体性を維持するために、民衆蜂起をともなったこの軋轢は力によって抑えられなければならなかった。他方メッテルニッヒの強い勧めで大国の代表が集まったチェコ東部モラヴィア地方のトロッパウでの会議（一八二〇年十月二十日から十二月二十日まで）は介入の原則を承認し、一八二一年一月ライバッハ（リュブリアナ）で開かれた新たな会議にナポリ王フェルディナンド四世を招いた。王は自国から脱出するために新憲法を守ると約束していたが、保守的なヨーロッパの擁護者たちをまえにして昂然とみずからの絶対主義を確認し、各国の君主に旧体制の秩序を復興するための援助を要請した。ナポリの自由主義派は抵抗したが、背反と準備不足に悩まされ、万事休した。一八二一年三月七日、ぺぺ(1)はリエティでオーストリア軍に敗れた。血なまぐさい反動によって革命の支持者の多くが抹殺された。サレルノ地方にみるような民衆の突発的高揚（一八二八年）にもかかわらず激しい反動の嵐がナポリ王国を襲い、フランチェスコ一世（一八二五〜三〇年）の治世のあいだ吹き荒れた。

（1）ペペ（Guglielmo Pepe, 1783~1855）。イタリアの軍人。リソルジメントに活躍し、一七九九年パルテノペア建国に加わるが、ブルボン復帰後、ディジョンのイタリア隊に入隊。一八四八年カルロ・アルベルトの援軍を指揮。軍がナポリ王により引き揚げを命じられても、ヴェネツィアに残ってマニンとともにオーストリア軍と戦って敗れ、パリに亡命した〔訳註〕。

ピエモンテの革命の動きはいっそう混乱をきわめ、当初ナポリの運動を壊滅させるために出はらっていたオーストリア軍が不在だったため、進展は早かった。蜂起は軍隊の上層部にいるカルボネリーアによって準備され、彼らはロンバルディアやロマニョル地方の同志とも結ばれていた。運動を指揮をしたレジス、アシナリ・ド・サン＝マルサン（王の副官）、ジャチント・ディ・コレッニョ、サントーレ・ディ・サンタ・ローザ、ラ・チステルナ公など貴族の大半は、元ナポレオン軍の兵士であった。彼らはサヴォイア＝カリニャン王家の王位継承者カルロ・アルベルトと結束していた。この君主の人柄と果たした正確な役割は、リソルジメント史において最も議論の多いテーマである。当時サヴォイア家の地位は、ブルボン家ほどきわだっていたわけではない。長子の家系はカルロ・エマニュエレ四世、ヴィットリオ・エマニュエレ一世（一八〇二～二一年）、カルロ・フェリーチェ[1]（一八二一～三一年）と三人の王がいたが、いずれも後嗣がなかった。王位はちょうどフランスのオルレアン家のように、十七世紀にさかのぼって傍系のカリニャン家を代表するカルロ・アルベルトに移った。彼の父カルロ・エマヌエレは十八世紀自由思想に染まって、ある意味で平等王ルイ＝フィリップのピエモンテ版といったところがあった。一七九六年フランス侵略があったさい、彼は亡命を拒否して革命派を擁立した。しかしまもなくボナパルトによってパリに移送され、そこで夭折した。若い妻アルベルティーヌ・ド・ザックスはあるフランス人貴族と再婚したが、幼いカルロ・アルベルトは見通しも予定もない教育の狭間に捨てられた。未来のサルデーニャ王たる彼は、この孤独な成長期の刻印を終生深くとどめることとなる。ジュネーヴのルソー主義者ヴォシェールのもとで寄宿生活を送り、ブールジュのリセで勉強した若者は、ジャコバン主義の忌まわしい体質を体現する人物と疑われつつ、王政復興に誘われて専制主義に凍りついたトリノにやってきた。自由奔放な「カリニャン家」の家柄とロマン主義的憂鬱というコントラストに悩まされた心理をもつ青年は、自由主義者に接近していった。彼が「革命」にどのように参加したかについてはいまだに解明されていないが、逡巡ののち陰謀に加担することに同意したことは事実と考えてよかろう。

(1) カルロ・フェリーチェ(Charles Felix de Savoie, 1765~1831)。サルデーニャ王(在位一八二一~一八三一年)。ヴィットリオ・アメデオ三世の息子〔訳註〕。

一八二一年三月十日、アレッサンドリアの駐屯隊がスペイン憲法の発効を宣言し、十二日はトリノの部隊がこれにつづいた。軟弱なヴィットリオ・エマヌエレ一世が退位し、その弟で後嗣のカルロ・フェリーチェは国外にいるため、カルロ・アルベルトを摂政に叙階した。彼は叛徒に囲まれて憲法を批准し、軍事政府のメンバーを指名した。だが彼は同時に反革命分子に保障をあたえるという二枚舌をつかった。カルロ・フェリーチェ[1]はモデナに到着するやいなや、留守中に得られたあらゆる法規を反古にした。カルロ・アルベルトはあの手この手で抵抗したが結局屈服し、亡命の地トスカーナに発った。四月八日、オーストリア軍は叛乱軍の残党を蹴散らし、彼らは逃亡や亡命の途についた。弾圧された自由派はカルロ・アルベルトを激しく非難した。このドラマティックな逸話のゆえに、彼は神秘的な自省の世界に閉じこもり、悔恨と葛藤ののち絶対主義的権威の世界に達したとされ、そこからイタリア的ハムレット伝説[2]の体現者とされた。

（1）一八一二年、スペイン独立戦争においてカディス（アンダルシア）につくられた立法議会（Cortes de Cadix）から着想された軍事評議会（Junte）のこと〔訳註〕。

（2）一八九〇年、ジャコモ・カルドゥッチ（生没年不詳）はその詩『ピエモンテ』でローマを無防備で大海に船出する船にたとえ、「鉄と火で侵入者を追い出そうとする」カルロ・アルベルトを「イタリアのハムレット」に見立てた〔訳註〕。

一八二〇年から二一年にかけての革命の失敗は、教皇国家とオーストリア側諸国において一連の弾圧と裁判が行なわれる口実となった。反動的思想の持ち主教皇レオ十二世（在位、一八二三〜二九年）は、とくにマルケ地方や熱しやすいロマニア地方の活動的カルボナリを排撃した。一八二〇年十月、威圧的な警戒の目を光らせているミラノ警察が、ピエロ・マロンチェッリを逮捕し、彼の口からシルヴィオ・ペッリコ（一七八九〜一八五四年）を危うくしかねない事実が漏れた。二人は死刑の判決を受けたが、のちに減刑された。一八二三年から二四年にかけて新たな大量検挙が行なわれ、ロンバルド＝ヴェネト王国のエリートたちは、同様の刑罰を受けることとなった。フェデリコ・コンファロニエリ、パッラヴィチーノとその一味は、モラヴィアのシュピールベルク要塞の独房で二人といっしょになった。彼らはそこで長い歳月をすごし、苛酷な処遇と最も厳重な蟄居に耐えた。その話はヨーロッパじゅうに広まり、ペッリコの著作『我が牢獄』（一八三二年）をとおして感動的な愛国の殉教者をつくりだした。[1]

（1）シルヴィオ・ペッリコ（Silvio Pellico, 1789~1854）。詩人、愛国主義者、おそらくはカルボネリーア。一八二〇年陰謀事件に連座して捕らえられ、シュピールベルクの城塞に捕らわれ、獄中で書いた詩集もつぎの一説は、曲となって広く海を渡ってカナダでも歌われた。


ああ、わが獄舎にもさわやかな息吹き訪れ／平原の香りを運びきて／優しき花々の季節の到来を伝えくれるよ。

だがおまえは私の心に悲しみを目覚めさせる！　／知っているとも、私は、今が春だと／

おまえ息づかいに辺りに満ち／おまえの翼が花咲く草原を掠めることを……。

だがなぜ？　なぜおまえはイタリアの風でないのか？　／なぜ私の祖国の、あの馥郁たる香りでないのだ？

ああ！　なぜおまえは私の国の香りを運んでくれないのか？〔訳註〕

5　一八三一年の革命

一八三〇年フランスの七月革命はイタリアのどまんなかの教会諸国ならびに公国で、カルボネリーアの運動を誘発した。一八二一年革命の追放者たちは、パリの本部で「栄光の三日」に勝利した自由派と連絡をとり、新たにフランス国王に即位したルイ=フィリップ・ドルレアンの支持を得たと称して自慢した。他方モデナではきわめて反動的だが領地拡大を望む（そのためには反乱によって生まれる果実を奪う手段さえ辞さない）フランチェスコ四世公と、二人の陰謀家とのあいだに奇妙な結びつきが生まれた。その一人チロ・メノッティは男前の愛国者、(1)もう一人エンリコ・ミズレイは素性の分からない謎めいた人物で、おそらくは二重スパイであったろう。好機到来に見えたのは実は幻想だが、革命派を代表するラフィット(2)のフランス政府が諸国にたいする「内政不干渉の原則」を宣言したことによってこの幻想が強まった。同志たちはバリケードから生まれたルイ=フィリップのフランスはアンチ・メッテルニッヒ体制であり、オーストリアの動きから自分たちを守ってくれると考えたのである。一八三〇年十二月、元オランダ王ルイ・ボナパルトとジョゼフィーヌの娘オルタンス・ド・ボーアルネのあいだに生まれた二人の息子、すなわちカルボネーリに通じた兄ナポレオン＝ルイと未来のナポレオン三世ルイ＝ナポレオンは、ローマでの陰謀を企てた。だがそれはただちにもみ消され、二人は教皇領から追放された。一八三一年モデナで革命が起こり、フランチェスコ四世はパルマとピアチェンツァを支配していたマリア＝ルイーザと同様、ボローニャに逃げた。まもなくローマとその周辺をのぞく地方のいたるところが決起し、二月二十六日、ボローニャで臨時政府に召集された代表の議会が教皇の廃位と「イタリア諸州連合」の成立を宣言した。「不干渉の原則」が崩壊した。しかるにフランスで体制の安定化に腐心するルイ＝フィリップが、精力的なカジミール・ペリエを政権に招いた。革命拡大に絶対反対のカジミールは、イタリア軍にたいして一切の援助を拒否した。三月はじめ、オーストリア軍は諸公国を奪回し、ズッキ将軍に率いられた自由軍はボローニャついでアンコナへ退却し、そこで降伏した。この戦闘のさなかの三月十九日、愛国派とともに戦っていたナポレオン＝ルイ・ボナパルトはフォルリで急死した[3]。

（1）チロ・メノッティ（Ciro Menotti, 1798~1831）。カルボネリーアである彼は、ボローニャ、パドヴァ、マントヴァにおいて蜂起の計画を立て、立憲君主制国家を目指し、三色旗に十字をつけることを提案した。参考文献WⅠ、四八二頁〔訳註〕。
（2）ラフィット（Jacques Lafitte, 1767~1844）。フランスの銀行家、政治家、七月革命に際しルイ＝フィリップを支持して組閣。参考文献WⅠ、八九八頁〔訳註〕。
（3）フォルリ Forli。総督領。ナポレオン＝ルイの死については参考文献TN、二二一頁〔訳註〕。

一八二一年の運動直後と同じく、弾圧の嵐が吹きすさんだ。メノッティは処刑され、諸大国は教皇諸国における行政上の自由主義的改革を求めたにもかかわらず、グレゴリウス十六世と枢機卿国事秘書ベルネッティは絶対主義的活動をつづけ、一八三二年にマルケと総督領では新たな混乱が起こり、フランスとオーストリアは一八三八年まで、治安を確保するために占領軍を送らなければならなかった。(1)

(1)三一年二月の臨時政府は、フランスからの援軍がこなかったため潰えたことについてフレティニェは言う。「七月革命を推進させる上で功績のあった人びとすなわち銀行家ラフィット、セーヌ県知事オディロン・バロ、国民軍司令官ラ＝ファイエット侯爵らには、ウィーン体制打破を目指す諸国に支援を送るだけをの資力がもう残っていなかった……風向きの変わったのを知ったルイ＝フィリップは外交政策において自分の見解を押し通すようになり、亡命イタリア人を追放した。一部の人びとは武力によってカレーに連行され、さらにイギリスに上陸させられた」参考文献FG、八四、八五頁〔訳註〕

6　一八三〇年の分岐点と国民的理想の形成

一八二一年と三一年の地域的革命の失敗は、カルボネリーアの力の限界と準備不足を露わにし、彼らに死刑の判決が下ったことを意味した。以後この党派は活発な政治勢力とはならなくなり、急速に衰えていった。かわってイタリア問題の根本的な解決を目指すことに熱心な、新らたな流れが確立した。政治的亡命は厳しい修業の機会であり、このいわば学校で統一の思想が徐々にかたちづくられていく。それまでのカルボネリーアの教養は、ナポレオン的イタリアとメッテルニヒ的ヨーロッパの情緒的否認に限定されていたが、それがヨーロッパ的な内実によって豊かになったのである。過去の企てにかんする批判的反省の後、それは具体的な行動計画をつくるようになった。国外追放者は、さまざまな国籍をもつヨーロッパ独特のパタンであり、イタリア半島もまたドイツ、ポーランド、ロシア等とならんで、たくさんのきわめて特異な例を提供していた。出自や運命もさまざまなこれらの『亡命者』を、まとまった一つの勢力と考えるのは、確かに無理があろう。彼ら亡命者たちは、個人的な対立や追放の苦しさで険しくなった議論のゆえに分裂したり、オーストリアやイタリアの警察のスパイにつけ狙われたりしながら、ヨーロッパ大陸をあちこちさまよっていた。そういう彼らも自由の大儀のためには、武力的援助の手をさしのべる。たとえば一八二三年、ヴェローナの会議でスペイン遠征が決定されたとき、カルロ・アルベルトが鎮圧隊を使ってカルロ・フェリーチェの手前をとりつくろうとしたのにたいし、アルプスの反対側から派遣された兵士は一〇〇〇人以上が反乱軍にくみして戦い、ギリシャ戦ではミソロンギのバイロン卿のようにサントッレ・ディ・サンタローサ[1]が戦ってスファクテリアで没した。

（1）サントッレ・ディ・サンタローサ（Santorre di Santarosa, 1783~1825）。帝政時代ナポレオン軍に従軍。復古後はオーストリアからの独立を求めて愛国者となる。一八二一年ナポリ王国に対する反乱を試みるが失敗し、フランスからイギリスに亡命。ギリシャ独立を支援するイギリス軍に従軍し、一八二五年五月スファクレリア島でエジプト軍との戦闘で戦死した〔訳註〕。

隠れ家や思想の拠点となった土地は追放者を迎え入れ、彼らは知的エリートたちに強い共感を呼び起こした。自由の地ジェネーヴでは、一八一五年来スイスに定住していた経済学者ペッレグリーノ・ロッシ[1]（一七八七~一八四八年）の周囲に人びとが集まり、一八二三年にオーストリア政府によって強制的に解散されるまでグループをつくっていた。パリは、とくに一八三一年以後、イタリア人亡命者の重要拠点の一つに数えられた。ロッシはコレージュ・ド・フランスでセイ[2]を継いで教壇に立ち、フランス王国貴族院議員となった。歴史家カルロ・ボッタはルーアンのアカデミーの会長に、グリエルモ・リブリはソルボンヌの教授となった。亡命者たちの政治的歴史的記録は、ヨーロッパ文化を代表するフランス語で書かれている。彼らは一八一二年のスペイン憲法より、フランスやベルギーで機能している立憲王政のほうが、はるかに自分たちの理想にマッチしているのを知った。また市民王ルイ＝フィリップの統治とともに勝利したブルジョワ的市民生活の概念に哲学的装いをあたえたヴィクトール・クザンの折衷主義から、この集団は強い影響を受けた。国家は民主主義の行き過ぎやローマ教会の後見からのがれて進歩するという概念や、「政治的中庸」の考え方は、中道派イタリア人の合い言葉となった。ブリュッセルでは公爵ジュゼッペ・アルコナティ・ヴィスコンティとその妻ですぐれた予言者コンスタンチアがグループを活気づけ、そこにはペペ、ベルケット(3)、さらに一八三四年からはピエモンテ出身の自由主義的司祭ヴィンチェンツォ・ジョベルティが顔を出すようになった。こうした政治教育に、鉄道や工業が発展のさなかにあるロンドンあるいはイギリス全土からは、プラグマティスムの事例が共産主義社会主義への強固な反発として、あるいは経済の（またそれほどの規模ではないが、社会の）重要性にたいする新たな感覚としてもたらされた。メリメの友人で大英博物館の再建者でもあるアントニオ・パニッツィは、無数の愛国主義者の集団が周囲にあふれ、英国的リベラリスムの精神を学んでいくのを見た。

（1）ペレグリーノ・ロッシ（Pellegrino Rossi, 1787~1848）。イタリアからフランスに帰化。法律家、政治家、博物学者。ミュラにしたがって対オーストリア戦に加わるも、ボナパルト失墜後スイスに移り、ジュネーヴで市民権を得、民法、経済学、ローマ史を教え、スタール夫人のサロンに出入りする。一八三三年以後、外交使節としてパリに赴任し、そのままコレージュ・ド・フランスでセイの跡を継いで経済学を教える。その後ギゾーにより、イエズス会問題を話し合うためローマに派遣され二月革命を迎える。教会の特権廃止や政教分離を主張し、聖庁法務所において刺し殺される。ローマ教会での殺人事件は、以後一九九八年、アロイス・エステルマン衛兵司令官夫妻が部下のセドリク・トーナイに射殺され、トーナイは自殺する事件までなかった〔訳註〕。

(2) ジャン＝バチスト・セイ (Jean-Baptiste Say, 1767~1832)。フランスの代表的古典主義経済学者、木綿加工業工場経営者。「販路の法則」すなわち「生産物はすべて売れる」という法則を唱えた〔訳註〕。

(3) ジョヴァンニ・ベルケット (Giovanni Berchet, 1783~1851)。イタリア十九世紀の詩人。グリゾストモ（ギリシャ語で黄金の口の意）という偽名で書いた著作『息子への半ば真面目な手紙』(Lettera semiseria di Grisostomo al suo figliolo, 1816) は、古典的な詩法を「死者の言葉」として否定し、書簡の形式で綴る民衆の詩情を称揚した作品で、一種のロマンチシズム的マニフェストとしての評判を得た。この考えはフォスコロ等に引き継がれた〔訳註〕。

一八三〇年頃から二つの大きな潮流つくられようになり、その二つの主張すなわち対話と対立は、国民運動の骨組みを形成していくであろう。リソルジメントにその美学をあたえたマッツィーニの共和主義的民主主義的原理と、一八四八年以後繁栄しイタリア国家をつくっていくブルジョワ的穏健主義という骨組みである。

マッツィーニと「青年イタリア」

ジュゼッペ・マッツィーニ（一八〇五～七二年）の偉容は、その大きな精神的度量によって十九世紀イタリアを支配していった。彼の現実生活での敗北や何度かの革命の失敗と、そうした企てを触発した思想の偉大さとは、確かに残酷なまでに対照的である。しかし十八世紀末とくに統一運動がむかえたいくつかの決定的局面において、たえず外国から政治方式や制度の精神を借用してきた半島のなかで、このジェノヴァ出身の愛国者の政治社会思想が最も独創的でかつ最も本格的なイタリア思想を代表していたことは疑いをいれない。マッツィーニは一八〇五年六月二十二日ジェノヴァで生まれた。父は医者で、ジャコビーノ時代の共和主義的伝統を保持し、母マリア・ドラゴは敬虔な愛国者として息子に大きな影響をあたえた。マッツィーニは法律を勉強したのち、新聞に自由主義思想から着想された記事を載せたため、早くから当局に要注意人物と見なされていた。一八二七年、彼はカルボネリーアに加わったが、翌三一年には亡命を余儀なくされた。強力な亡命者グループが存在するマルセーユからリヨン、ジュネーヴへと移り、ベルンに落ち着いたが、外国政府の要請に応じてイギリスに発たなければならなかった。フランス文化から借りたさまざまな要素をイタリア的思想に利用しながら、彼の政治思想が形成されたのは、この流転のころである。一八三一年二月、彼は亡命者たちのある企てに参加した。彼らはリヨンを出てサヴォイアに侵入しようとしたが、これは失敗に終わった。この失敗によって、彼はカルボネリーアと決定的に袂を分かつこととなった。そこでマッツィーニは同じ一八三一年、マルセーユに秘密結社「青年イタリア」を結成した。さらにこの結社は同様の組織を次々と吸収し、かつてのカルボネリーアの党員の大半を加盟させた。彼が出版した雑誌『青年イタリア』の宣言と記事は非合法にイタリアに紹介されたが、そのなかで彼は「熱烈な左翼的ロマンティスム」(G・カンデローロ〔ボローニャ生まれのイタリア史家〕)によって啓発された綱領を発表した。この思想は基本的には歴史の原動力たる世界の進歩を信じ、ルソーやロベスピエールから受け継いだ理神論に通じるものである。すなわち神はいくつかの民族に人類を進歩させるべき使命をあたえたが、ヨーロッパではイタリアがこの贖罪的な活動のためにまず第一に選ばれた民族とならなければならない。ローマ帝国時代のイタリアから教皇を頂点とするカトリック時代のイタリアに継いで、共和国国家という第三のイタリアが統一と友愛にむかって諸国を導かなければならない。一八三四年マッツィーニはベルンで『青年ヨーロッパ』を設立したが、これがたがいに協力しあうべきいくつかのセクションに分かたれた。イタリア人は外国からの援助や特定のグループ（たとえばブルジョワジー）の行動の復活をまつ必要はない。彼らは自発性から生まれた大衆行動によって、みずからデモクラシーと社会的進歩を定着させなければならない。「神と人民」、それがこの原理のキーワードである。政治的宗教的抽象論を述べるうえでロマン主義的美辞麗句には事欠かなかったが、経済問題となるとこの原理の論調はかなり曖昧になった。とはいえそこには、今後のイタリア人の意識に深く根付いていく根本思想が表われていた。愛国主義的運動は、一つの同じ方向性をもち、統一国家を目指さなければならないとされたからだ。マッツィーニはこの統一というテーマをリソルジメントの主目標としてみすえ、たゆまぬ努力を重ねていったのである。革命を起こすには、武力による蜂起を使わなければならない。マッツィーニはこのパルチザン的な人民戦争の考えを、同志カルロ・アンジェロ・ビアンコ・ディ・サン・ジョリオ[1]の見解から借用した。この奇妙な理論家はヴァンデとスペインの体験にもとづいて、このような過激な闘争こそ、イタリアにふさわしい唯一の方式だと考えていた。

（1）カルロ・アンジェロ・ビアンコ、サン・ジョリオ伯。（Bianco, Carlo Angelo, conte di Saint-Jorioz, 1795~1843）。カルボネリーア、サルデーニャ軍中尉〔訳註〕。

マッツィーニのプロパガンダは急速にイタリアに広がり、『青年イタリア』〔以下ジョヴィーネあるいはジョヴィーネ・イタリアと書く〕各支部がつぎつぎ形成され、とくに一般庶民というよりはむしろブルジョワ層の元カルボネリーアによってそれは活気づいた。一八三一年から四六年にかけて半島は、熱に浮かされたような興奮の時代にはいっていった。しかしながらマッツィーニの反乱は、カルボネリーアの反権力闘争以上の成果にいたったわけではない。抽象的な民衆革命論のなかで、彼は識字率の低い、無気力なイタリア農民の実体を考慮に入れていなかった。彼らは叛徒たちを蹴散らす治安部隊にことさら協力するわけではなかったが、といって反乱の訴えにたいしてはいぜんとして耳を塞いだままであった。経済発展によってイタリアが変貌しかけているのとは対照的に、諸政府は腰の重い事なかれ主義と、愛国者を怒らせているオーストリアの支配に唯々諾々としたがったままなのだ。ピエモンテではカルロ・アルベルトが一八三一年に即位すると（彼を玉座から遠ざけようと、カルロ・フェリーチェは多少抵抗した）、若年時のリベラリスムとすっかり手を切り、先代たちの絶対主義路線を継続させた。マッツィーニは即位した彼に宛てて公開状を書き、自由主義的国民運動の先陣にたってほしいと懇願したがむなしかった。一八三三年、シャンベリー〔アルプス山脈西麓の要衝。十六世紀中葉までサヴォイア公国の首府として栄えた〕、トリノ、ジェノヴァ、アレッサンドリアでつぎつぎと共和派の陰謀が発覚し、一五回の処刑、欠席裁判による死刑宣告（これにはマッツィーニも含まれた）、新たな国外追放などの処罰が、ジョベルティ司教をはじめとする人びとにたいしてくだされた。一八三四年ジョヴィーネ・イタリアはドーフィネとジェネーヴからのサヴォイア挟撃計画を練りあげた。ジェノヴァ人ラモリーノ将軍はさまざまな国からきた志願兵数百人を率いてサヴォイア公国に入ったが、あっさり押し返された。同じ年ジェノヴァではニース生まれの船乗りジュゼッペ・ガリバルディが、マッツィーニ派の活動に加わったかどで有罪とされ追放された。一八三三年にはロンバルディアで陰謀が抑えられた。他方教皇諸国の北では、運動はボローニャ（一八四四年）、リミニ（一八四五年）でそれぞれ鎮圧された。ナポリではフェルディナンド二世(1)（一八三〇～五九年）の気まぐれな自由主義的気分がかえって幻滅を招き、その絶対主義にたいして一連の反乱が爆発した。首都ナポリでは一八三二年、アブルッツォ州では一八三七年にそれぞれ反乱が起こった。一八四一年にはシチリア、そしてまたしてもアブルッツォのラクィラで人びとは蜂起した。カラブリアの革命計画は、一八四四年、マッツィーニの忠告を無視したカルロ・ポエリョの指導のもと実行されたが不発に終わり、バンディエーラ兄弟(2)と七人の同志が銃殺されるという犠牲によって幕となった。

（1）フェルディナンド二世（Ferdinand Carlo, 1810~1859）。両シチリア王フランチェスコ一世の子。一八四八年反乱を起こしたシチリアの独立派を弾圧、自由と独立を求めるパレルモに砲撃を加えたため、「砲撃王」〔レ・ボンバ〕と呼ばれるようになる。本書八〇頁参照〔訳註〕。

（2）バンディエーラ兄弟（Attilio Bandiera, 1810~1844 Emilio Bandiera, 1819~1844）。ともにヴェネツィア出身の海軍軍人、愛国者。当時ほとんどヴェネツィア人から成り立っていたオーストリア海軍に所属していた二人は、マッツィーニの思想に共鳴し、秘密結社「エスペリア」（古代ギリシャ人がイタリア、スペインをヘスペオスと呼んだことにちなむ）を組織。カラブリア遠征を企てるが、ネト川河口に上陸して捕らえられ、七人の同志とともに「イタリア、万歳！」と叫びつつコセンザで処刑される。この処刑の厳しさはかえってマッツィーニ派的愛国主義を高める結果となった。マッツィーニはその著『バンディエーラ兄弟の思い出』において「彼らの犠牲は決して不毛ではない」と書いた。メンバーの一人ボッケチャンプの裏切りがあったのが失敗の理由だが、影にイギリス政府の動きがあったという説は疑問視されている。参

考文献FG、二一〇頁～二二一頁〔訳註〕。

こうした失敗を繰り返していくうちに、マッツィーニ神話とイタリアの平凡な現実的状況とのあいだにあるギャップの大きさを知ったブルジョワジーのなかに、不信と疑問の種がまかれていく。かくしてインテリゲンツィアは、ますます穏健派のプログラムへ加わっていった。

Ⅱ　経済的革新と中道派の進出

経済革命の始まり

イタリアは他のヨーロッパ諸国と比べてかなり遅れてしかも華々しい成果もないまま、一八二〇年以降産業資本家の働きで生産と市場の大規模な変革に参入した。この国家的歴史的な局面は長いあいだ等閑視されてきたが、最近の研究によって発展の諸段階を認めることができるようになった。ナポレオン時代の大陸的制度から王政復古時代の保護主義的細分化への移行は困難を伴い、そのため一八一六年から一七年にかけてイタリア半島は、まさしく「旧体制時代の典型」ともいうべき穀物不足に悩んだ。だが一八二〇年以後みえはじめた回復の傾向は、三〇年頃になって明かになり、四〇年代には加速化していった。もちろんマイナス要因もたくさんあった。たとえば農業は相変わらず基幹産業だが、不規則な生産性ゆえに増大する人口からの需要をうまくカヴァーできない。工業にたいして資本は、わずかしか投下されない。通貨はほとんど硬貨ばかりで、利率は依然として高いままだ。にもかかわらず商業手形やその割引は、警戒心からあまり利用されない。最後に政治的細分化はドイツほど極端ではないにせよ、それにともなう遅れは、当時すでに共通の経済的空間をつくり得る関税同盟[1]のような制度で補われてはいない。工業化の先鞭は、しばしば外国（イギリス、スイス、ドイツそしてスケールは小さいがフランス）の先駆者や資本によってつけられ、しかも経済状況は、一八二六年、一八三七年から一八四二年まで、一八四六年から一八四七年までのあいだにみられるような周期的危機によって激しく翻弄された。とはいえ全体的に見れば生産は増大し、商活動が活発化したことは統計が教えるとおりである。穀物の収穫は、一七五〇年の五八〇〇万立方メートルから一八五〇年から一八五二年にかけての一二六〇万立方メートル、そして外国との取引総額は、一八三〇年の二億七五〇〇万リラから、一八四〇年の四億二五〇〇万リラ、一八五〇年の六億五〇〇〇万リラとそれぞれ増加している。だがその収益の分配は、新たな活動拠点の地理的分布に見られるようにきわめて不均等であった。

（1）関税同盟。ツォルフェライン（**Zollverein** と呼ばれるドイツ関税同盟。プロイセンを中心とドイツ統一国家建設のための統一的関税機構、一八三四年発足。参考文献SV、二頁〔訳註〕。

農業の条件は全体として不安定である。穀類、ワイン、油、果物などよい収穫があれば余剰部分の輸出は可能だが、実際には三年ごとに穀物不足を外国に頼って穴埋めしていることを考えなければならない。また半島の自然的条件も視野に入れなければならない。理論的には三〇万平方キロのうち二八万一〇〇〇平方キロが耕作可能であるが、その七分の一は荒れ地である。三分の一が森林だが、その一部は乱伐や山火事で荒れたり、牧草地となっている。残る三分の一が穀類、ブドウなど食糧をもたらす耕地である。さらにその一二分の一が、オリーヴ畑、稲作、秣栽培地からなりたっている。フランスとくらべてイタリアには牛など大型家畜は三分の一、羊、豚など小型家畜は五分の一しかいない。これにもまして農地間のコントラストは強い。ピエモンテ中部の稲田、ロンバルディア、エミリア両地方の肥沃な田園、トスカーナの沃野にたいして、ポー川下流域、マレンマ地方、中央部の沼沢地の洪水やマラリアの多発地帯、日光に焼かれて骨まで焦げそうなアペニン山脈がある。フランス的統治と封建的諸特権の廃止から生まれた土地所有権の移動は、ブルジョワジーに多大の利益をもたらした。とくに北部では、彼らはそれによって土地から生じた収入を増やし、初めて技術革新の実験にのりだした。土地所有者の数は、徐々に増加した。ロンバルディアでは八人に一人が土地を所有しているのにたいし、イタリアの平均ではこの割合が一三人に一人にすぎない。しかし抵当債務は収入額の一二パーセントから一五パーセントに達し、南部ではその率はさらに高くなった。農業労働者の条件は劣悪で、とくにシチリアでは不在地主の大規模な土地を管理する徴税人によって、彼らは搾取された。

工業はいうまでもなく目覚ましい将来が約束された領域で、「一八三〇年以降、イタリアは保険、商事、工業、鉄道の合資会社や株式会社が増えはじめた」(D・デマルコ)(1)。どの地域も企業の設立には無関係ではなかったが、ここでも政府毎の関税や経済関連の法制化によって、あるいは原料やエネルギーの資源や技術水準に応じて、条件は複雑をきわめた。まず筆頭にくるのはロンバルディアと小ピエモンテ、ついでカンパーニア地方で明確な地域化がすすむナポリ王国とトスカーナ。他方ヴェネトは足踏み状態をしめし、教皇諸国にいたってはその旧弊さと貧困ぶりに人びとは唖然とする。産業別にみると断然力強いのは、繊維産業である。まずこの産業は、代々つづく大物企業家（たとえばビエッラのセッラ家）によって設立され、イギリス式紡績機や織機を備えて完成された工場制手工業として集中しはじめた。しかしそこにはなお職人的な要素が大幅にのこっており、地方に分散している農家の仕立て職人にたいして仕事をもたらした。まずイタリアの輸出でトップの座を占めるのは絹製品であり、その先導役たる地域ロンバルディアの製品は、リヨンの製品に匹敵する。繰糸の作業は農家の家内工業として七万人、工場労働者として三万人を雇用する。とくに盛んなのはミラノとコモ。ついでピエモンテで、ここでは生糸の生産高は十八世紀末から一八五〇年にかけて二八万キロから六〇万キロ、就業人員は一万二〇〇〇人から四万三〇〇〇人へと増えた。養蚕はトスカーナでは繭の重量でトータルで四〇万キロを産出し、とくにフィレンツェ、プラート、ピサ、シエナでは自由な法制度にたすけられてこの産業が急速にすすんだ。生産量も、繊維製品の輸出で有名なナポリ王国のそれにほぼ匹敵した。羊毛はアルプス弓状地帯裏側に定着したが、そこに水力の動力源があったからである。ビエッラはピエモンテ地方の羊毛工場の半分を集めた。ビエッラに継ぐスキオはヴィチェンツィアに近い町で、それ以外の生産地はとくにトスカーナに局地化している。ロンバルディアではとくに麻の生産が農民三〇万人を雇用した。しかしなんといってもイタリア産業資本最大の成果は、木綿である。綿産業によってピエモンテには二万の労働者、ミラノ周辺では優秀な設備をもった強力なグループが生まれ、カンパーニアではドイツ人とスイス人によって設立された工場で、六〇万人の労働者が働くようになった。こうした構図は、ヴェネツィアのガラス産業、シチリアの硫黄鉱山、トリノの化学製品工場を加えなければ、完全とはいえない。鉄は明らかに弱い部門だが、それは鉄と石炭が少ないからである。たしかに鉄の三分の一はトスカーナ、エルバ島とそれにつぐピエモンテの鉱床、さらにアオスタの鉱山から供給されている。しかしアルプスの向こうの機械技師がかなりの技術水準に達したとしても、鉄と石炭の要求は切実である。なぜならばそれらの不足によって生産コストは上昇し、割高な外国からの購入を余儀なくされるからである。たとえばピエモンテの石炭輸入量は、一八四八年の一万九〇〇〇トンから一八五六年には一〇万九〇〇〇トンに跳ね上がった。

（1）D・デマルコ（Domenico Demarco 生没年不詳）。シチリア出身の歴史家。南イタリアの経済史を専門とし、著作に『両シチリア、ナポリの没落』（一九六〇年）などがある。なお両シチリア王国の呼称は、ノルマン・シチリア王国の時代や、分裂後のシチリア王国とナポリ王国が同一王権下にあった時代などにも用いられる〔訳註〕。

こうした産業の拡大に応じて信用制度も発達する一方、資本蓄積は銀行や信用金庫によって吸い上げられた。ロンバルド＝ヴェネト王国、ピエモンテ、トスカーナでは、貯蓄信用金庫や保険会社が増加した。一八四四年、ジェノヴァはサルデーニャ王国で最初の銀行をつくり、トリノがその後を追った（一八四八年）。同様の制度はトスカーナや、北部の地域でぞくぞくと花開いた。生産力の増大、取引による流動性の増加は、コミュニケーションの問題を提起した。一八四〇年から徐々に鉄道の敷設がはじまった。まず一八三五年ナポリ〜ポルティチ間に、ついで一八四八年トリノ〜モンカリエリ間に鉄道が開通した。だがこの路線網は、無数の国境で区切られた半島内ではバラバラの区間から成り立っており、当時イギリス、ベルギー、フランスで進行していたような激変を生み出すにはとうていいたらなかった。それは地域交通にたよってしか存在できなかったが、各地の政府は鉄道をかなり白眼視していた。ナポリ王にいわせれば鉄道は「治安を確保するために、軍隊を迅速に集結させるべきもの」である。他方グレゴリウス十六世は、鉄道が「商品より思想を伝播しかねないもの」として警戒していた。

このように当時の商業資本家が実生活の情報を徐々に政治の次元に重ねつつあったことは、厳密な結論として言う必要はないとしても、確かな事実であった。彼らの関心は広大な経済空間の創出に、すなわち国境のない連邦制のイタリア、さらに欲をいえば統一国家イタリアに向かっていたのである。

時代遅れの政府に阻まれていた産業の自由な発展は、生産者階級の取引への参入によって促進された。大規模土地所有者や工場制手工業者（これらの階層を完全に体現する存在が、一八三〇年から四八年にかけてのカヴールである）は、こうした国民的運動の推進者となり、政治的人間をはぐくむ温床をつくっていくであろう。自由資本主義が投機と公務とを同時にリードし（カヴールはまもなく、「政治経済学とはすなわち祖国愛の学問である」と書く）、それによってルイ＝フィリップのフランスと自由経済主義のヴィクトリア朝イングランドが魅力的な範をたれる物質的繁栄を、半島にもたらすだろう。一八四六年五月に書かれたエッセイ『イタリアの鉄道』においてカヴールは、交換経済の道をひらき、思想の伝播をうながす鉄道こそリソルジメントの決定的要因となるであろうと明言した。しかしブルジョワジーは、みずからの支配を実現するために社会主義的あるいはマッツィーニ的ユートピア思想を放棄することをもとめる。そこで中道自由主義がますます幅を利かすようになった。国民的科学会議が、周期的にこうしたエリートたちを集めていく。第一回の会議は一八三九年ピサでひらかれ、さらに政治改革の中心となる「アルプス山麓農地協会」が一八四二年ピエモンテで結成された。

一八四五年代になると、国民的問題の解決をもとめて中道派お気に入りの具体的解決法を開陳する大作が、つぎつぎと著わされる。たとえば一八四三年、ジョベルティはその著『イタリア人の道徳的・文化的優越について』のなかで、マッツィーニ的イタリア論をあらためて採り上げて論じた。しかし中世におこった聖職者対帝国の論争中の教皇派を思わせるような『新教皇』論は、連邦制による半島復活の任務をローマ教皇にあたえた。このジョベルティの考えは大きな反響を呼び、文明を照らす松明をイエズス会の専制から解放された教会のためにとりもどそうとしていた。チェザーレ・バルボも『イタリアの希望』(一八四三年)において、「キリスト教の精神的関心の中心にして頂点」であると同時に、地中海におけるその位置からみて「南ヨーロッパの物質的関心の重要な拠点」であるイタリアを夢想した。しかしリミニで起こったマッツィーニ派の蜂起から着想された『最近のロマーニアにおける諸事件について』(一八四六年)において彼は、同郷人のマッシモ・ダゼーリョと同様、「リソルジメント」はサヴォイア王朝のイニシアティヴにもとづき、サルデーニャ諸国を中心として生まれなければならないと考えた。

Ⅲ　一八四八年の革命

一八四八年から四九年にかけての二年間は、のちの一八五九年から六一年までの時期とならんで、イタリア独立運動にとって最も重要な時間に数えられ、陰謀からなるロマン主義的時代とカヴールの現実的政治との根本的な断絶が生まれたときである。これらの事象全体は複雑をきわめており、そこに導きの糸を見出すのは決して容易なことではない。ヨーロッパ的状況のなかに組み込まれれば、それらの事象にはさまざまな種類の事実が介入するのがみられるであろう。たとえば絶対主義的制度の危機には権力奪取を目指すブルジョワジーの攻撃があり、経済の沈滞には民衆運動が、最初のイタリア解放の試論、『最初の反乱《ラ・プリマ・リスコッサ》』は、対オーストリア戦と国際的複雑化のおまけがついてくるといった具合である。

1　革命の諸問題

イタリアの運動の特徴は、フランスの二月革命の先行性にある。もちろんルイ＝フィリップの失墜はイタリアの改革に新たな衝動をあたえた。しかしこの頃すでに半島は、この革命の本質的部分を達成していた。一八四五年以降現われはじめた改革運動は、経済的状況と啓蒙主義的エリートからの圧力のもとですすめられ、とくにピエモンテと教皇諸国においては社会構造の雪解けないしは若返りの兆候を見せつつあったと考えられる。なによりも主権者たちは、旧式な権威主義的啓蒙主義と結ばれた動機から行動した。しかしジョベルティやバルボの著作を読んだ世代の目には、以前として硬直した保守的傾向より、改革的側面が勝っているように思えたのである。

根本的にはペシミスティックだが複雑で気まぐれなカルロ・アルベルトは、実生活に自分の運命の完成を求めようとする不思議な人間であった。対立しあう要求のあいだで引き裂かれながら、彼は国民的運動にも反動にも保障と期待を同時にあたえた。統治が始まったばかりのとき、彼はオーストリア＝ピエモンテ関係を強化し、カルロス主義のスペインを支持し、ベリー公爵夫人の部隊を財政的に支援した。その一方ナポレオン法典に刺激されて民法と近代的な刑法を公布し、機が熟せば自分は国民的解放運動のためにはたらくと仄めかした。さらに一八四六年からは保護主義的関税が大幅に引き下げられ、大陸の列強がすすめる自由主義経済の方式に転換する準備がはじまった。

一八四六年六月十六日ローマでグレゴリウス十六世が崩御し、ジョヴァンニ・マスタイ・フェレッティ[1]（一八四六〜七八年）が教皇に選出され、ピウス九世と名乗った。ボローニャ地方イモラの司教だった彼は、最も長期間教皇に在位して十九世紀のカトリシスムを支配することになるが、実際には妥協的な候補者で、ゼランティ[2]派の枢機卿たちの反動的傾向を攻撃した。その即位は自由主義者のあいだに熱狂を巻き起こした。なぜならば彼が指名されたら、オーストリアから「拒否」の憂き目にあうだろうという、根拠のない噂が流されていたからである。ピウス九世は凡庸な教養の持ち主であったが、善意と率直な態度が衝動的で権威主義的性格をカヴァーし、教皇庁の特権に強く執着していた。イタリア国家の問題について敏感で、ジョベルティの愛読者でもあった[3]彼は、進歩派の味方としてとおっていた。一八四七年のまる一年間、彼を手本としてさまざまな改革が花開くのがみられ、これにともなって諸公たちは中道自由主義派の要求を受け容れていくかに思われた。一八四六年七月十六日、ピウス九世は、以前の陰謀事件にまきこまれた部下たちに大幅な恩赦をあたえた。さらにローマに地方行政的機能をあたえつつ、出版の自由の法律化をもとめ、閣僚や議会（国政評議会）をつくり、国防軍を確立し改革を追求した。政府組織に初めて非聖職者が加わった。教皇の人気は高まった。というのも、かつて一八一五年の協約で要塞内での駐屯させる権利しか認められていなかったオーストリア軍が、フェッラーレの都市を占拠し（一八四七年八月十三日）、教皇はこれに対抗して紛争を起こしたからである。「ピウス九世、万歳！」は愛国者の結集の叫びとなり、激しい熱気におされてフィレンツェのレオポルト二世[4]も出版の規制と市民の監視の緩和を認めた。イギリスはこうした展開を好感をもってみまもり、パーマストンはミント卿を使節としてイタリアに派遣し、中道主義的リベラリズムを推進しようとした。ピエモンテは、いっそう深入りをした。一八四七年十月、カルロ・アルベルトは、絶対主義に支持者で外相クレメンテ・ソラーロ・デッラ・マルガリータを解職し、権威主義的、家父長的政治の伝統に終止符を打った。十月二十九日、たくさんの古い特権と制度の廃止、法廷論争の公開、最高裁判所（破毀院）の設置、出版の自由化が示された。行政の再編によって、各市町村に戸籍の管理が委託された。またこの再編は選挙による地方議会を組織し、州においては名士から選ばれた別の議会をつくり、警察の専横を規制し、監督官の庇護のもとで行政の機能を確保した。こうしたシステムは、知事や県議会からなるフランス地方制度の剽窃である。サルデーニャの国内は、政治紙が百花繚乱と開花した。まさにこのとき、自由主義的貴族カミッロ・ディ・カヴールが、チェザーレ・バルボとミケランジェロ・カステッリによって創立された『イル・リソルジメント』[5]紙で初舞台を踏む。とくにロンバルド゠ヴェネト王国で大規模な精神の発酵がすすむなかで、関税同盟の設置を求めてトリノ、ローマ、フィレンツェのあいだで人びとは闇取引を取り締まるようになり、イタリア連邦の観念は広がっていった。

（1）ジョヴァンニ・マスタイ゠フェレッティ（Giovanni Maria Mastai Ferretti, 1792~1878）。ピウス九世（在位一八四六～七八年）。教皇に選出された当時は自由主義的であったが、統一運動の高まりとともには保守的になる。一八六二年『謬節表』を発表。本書一五四頁〔訳註〕。

（2）ゼランティ派（zelanti）。イタリア語の「熱心に行なう」（zelare）から生まれた言葉。教皇権の絶対性を強く主張した、高位聖職者の一派〔訳註〕。

（3）教皇が実際に彼らの著作を読んだかどうかは疑問とする説がある。参考文献WⅠ、六三〇頁〔訳註〕。

（4）レオポルト二世（Leopold de Habsbourg-Lorraine, 1797~Rome）。オーストリアならびにトスカーナ大公（在位一八二四～五九年）〔訳註〕。

（5）『イル・リソルジメント』（Il Risorgimento）。「一八四七年十一月三十日、資本金一〇万リラで一株の額面二〇〇リラの合資会社の形で新聞社を作る決定がなされ、六万リラが集まった段階で刊行を開始することが決められた。そしてカヴールは『イル・リソリジメント』と名付けられたこの新聞の発行責任者と編集長を引き受けた」。参考文献RC、一四七頁〔訳註〕。

一八四八年一月から三月にかけて、新教皇派の中道主義に啓発された運動が新たなインパクトを受け、半島全体に憲法制定運動の高揚がみられる一月三日、ミラノでオーストリア警察と、国営宝くじ券製造場ならびにタバコ工場のストを決行しようとする愛国主義者とのあいだに小競り合いがあった。同月十二日、シチリアではブルボン朝にたいして分離派の激しい暴動が燃え上がり、フェルディナンド二世の部隊は逐われて、島では臨時政権が一八一二年の憲法を布告した。混乱は大陸にひろがり、ナポリでは一月二十七日、激しい街頭デモののち、王が新憲法の制定を約束し、二月十日に発表した。トリノではカルロ・アルベルトが、一八四七年の妥協線を断固としてこえまいと決めていた。しかし民衆の示威運動ナポリからくるニュースに反応し、中道自由主義者は新聞や建白書で絶対王政の廃止を要求した。ついに閣僚会議の席上、王はしぶしぶながら譲歩し、二月八日大衆の熱狂に囲まれながら王令で憲法の起草〔三月四日公布〕と三色旗の国旗の採用を命じた。他方穏健派指導者の一人チェザーレ・バルボは、三月十四日、立憲制最初の内閣を組織した。トスカーナも二月十一日ベッティーノ・リカーソリ〔政治家、フィレンツェ王国の首相を二回務める〕を頂く自由派の圧力により憲章を獲得した。最後に三月十四日、ピウス九世も絶対主義的権力を放棄した。とはいえ教皇のリベラリスムには早くも後退と停滞がみられる。イタリアの憲法は、一八三〇年のフランス憲章のコピーであり、指名制の議員からなる上院と制限選挙制の議員からなる議会と、王権とによる権力分立であった。いっぽうローマでは、議員は枢機卿会議に従属し、重要な案件（外交、教会、財政等の問題に）は彼らの権能が及ばなかった。

（1）一八四八年三月四日にカルロ＝アルベルトがサルデーニャ王国にたいして認めた憲法。一八四八年の第一次独立戦争で得られた憲法のうち、唯一生き延びた憲法で、サルデーニャ王国がイタリア王国に併合されて統一が達成されたのち、ムッソリーニ時代に根本的に修正される、戦後（一九四六年）共和国が成立するまで持続した〔訳註〕。

2　国民的十字軍と最初の独立戦争（一八四八年三月から十二月まで）

二月二十二日から二十五日にかけてパリで起こったいわゆる二月革命は、ルイ＝フィリップを倒し、民主的な共和制を実現したが、これによってイタリアの運動は高揚したばかりでなく、ヨーロッパでは一連の蜂起が続いた。暴動は三月三日、ハンガリーで、ボヘミアでは三月十一日に起こった。三月十二日、ウィーンの反乱は、反動的な反民族主義の象徴的人物メッテルニッヒを追放した。憲法制定が約束され、王国の諸州の代表からなる議会が招集された。ベルリンでは三月二十一日、フリードリッヒ＝ヴィルヘルム四世が憲法を押しつけられた。オーストリアの混乱は属国の暴動をまねいた。三月十八日、ミラノではカルロ・カッターネオ(1)に指導される民衆の反乱が、市内をバリケードで覆った。オーストリア軍の将軍ヨーゼフ・ラデッキー(2)の部隊はこれに巻き込まれて徐々に後退し、二十三日、華々しい「ミラノの五日間」は幕を閉じ、将軍の部隊はロンバルディアの首都を明け渡した。同時につぎつぎと公国が君主を追放し、反乱評議会が彼らにとって代わった。ヴェネツィアではダニエレ・マニン(3)が臨時政府を組織し、共和国を宣言した。オーストリア軍は援軍を待ちつつ、ペスキエーラ、マントヴァ、レニャーゴ、ヴェローナの四都市からなる巨大な方形陣地(4)にたてこもった。

（1）カッターネオ（Carlo Cattaneo, 1801~1869）。政治家、歴史家。連邦制を主張し、サヴォイア王家の伝統的な拡大主義に反対した。参考文献WⅠ、九〇六頁〔訳註〕。

（2）ヨーゼフ・ラデッキー（Joseph Wenzel Radetzky von Radetz, 1766~1858）。チェコ出身のオーストリア軍将軍。ロンバルディア＝ヴェネト方面軍司令官。有名なヨハン・シュトラウス父の『ラデッキー行進曲』は彼のためにつくられたといわれる〔訳註〕。

（3）ダニエレ・マニン（Daniele Manin, 1804~1857）。ユダヤ人の愛国者、政治家。一八四九年三月サン・マルコ共和国（ヴェネツィア）政府の全権を掌握するが、八月に食糧不足とコレラに見舞われ降伏。亡命先のパリでサヴォイア家を中心とする統一を目指して運動をつづけた。祖国を去るさい、「我が〔ユダヤ〕民族が成し遂げたこととおなじことを成し遂げた国民が、滅びることはありえない」と群集を激励した〔訳註〕。

（4）一八一五年から一八六六年までに存在したオーストリアの防衛地域でペスキエーラ、マントヴァ、レニャーゴ、ヴェローナの四城塞都市からなる巨大な方形陣地。域内にはミンチョ、ポー、アーディジェの河川やミラノ＝ヴェネツィア間の街道、主戦場となるポー平野を含んだ。本書一一七頁参照〔訳註〕。

まさにこの瞬間、カルロ・アルベルトが介入をはじめた。三月二十三日彼はロンバルディアとヴェネトの両国民にたいし有名な宣言を発し、自分は彼らの援助に向かうが、神の恩寵によって「イタリアはみずから行動するであろう《リタリア・ファラ・ダ・セ》」と断言した。二十五日、彼は部隊の先頭に立ってティチーノ川〔スイス南部からポー河左岸に注ぐ川〕の国境を越え、このサルデーニャ軍の行動は、開始早々から曖昧さと混乱に満ちた状態に陥っていく。ピエモンテの王が最初に犯した過ちは、ミラノが反乱を起こした瞬間に戦闘を開始しなかったことである。もしそうしていれば、彼は作戦の采配を振るうことができたであろう。ロンバルディアの貴族たちがピエモンテとの融合を早急に願っているとき、カッターネオやチェルヌスキとその友人たちは「ミラノの五日間」の栄光に輝きながら、実際にはフランスと緊密に結ばれた民主国家の連邦制を夢想する連邦主義者であった。中道派と共和派がロンバルディアで対立しあい、伝統的な村役場主義が集中的な運動にブレーキをかけた。ヴェネツィアではマニンがサン・マルコ共和国をつくり、これによってかつての「いと静謐なる国」の再生をはかろうとしていた。一方イタリアの国民同盟は、逡巡と相互の警戒心のなかで組織されていった。教皇は部隊をポーに派遣し、ピエモンテ人デュランド将軍の指揮下におかせた。トスカーナは七〇〇〇人の志願兵（大半が大学生）をくりだし、シチリアの分離派の反乱と戦っていたナポリ王はグリエルモ・ペペの指揮下にある部隊を北に送り出した。しかしヨーロッパにたいする失望の波が広がった。大陸の列強はイタリアを全然援助しないし、パリでは慎重なラマルティーヌが、ルドリュ＝ロランの軽率な介入にブレーキをかけていた。生まれかけている自由主義的な大ドイツのほうが、オーストリアの動きにいささかも共感しないだけ、まだましであった。ウィーン政府は援軍の派遣を急いだ。

戦いの中心的部分を支えているサルデーニャ軍は、ゴーイトとヴァレッジョの大勝利によって目覚ましい前進を遂げたのち、ミンチョ沿岸の戦で方形陣地と接触した。だが四月二十九日枢機卿にたいする訓話で、ピウス九世は逃げをうった。オーストリア・カトリック派との分裂を心配する彼は、イタリア民族運動にたいする支持よりは、教会の普遍的義務が優先する以上、自分は戦闘とは離れた位置に立つと断言した。この決断は神話の終焉と「新教皇主義」の破綻を意味した。ジョベルティ自身は亡命先から帰って、以後民主的社会主義的共和国の幻想にたいして中道主義を確保するべきピエモンテ的解決に向かって戦うこととなる。フランスでは立法議会が同じ幻想にたいする不安に支配され、二月革命のバリケードから生まれた体制ははやくも崩壊し始め、六月に起こったパリの労働者蜂起の壊滅によって危機は決定的となった。

強行軍を侵攻させていた自由派の閣僚マミアーニの取り消し命令にもかかわらず、またサルデーニャ王国軍のパストレンゴ［ヴェローナ地方］の勝利（四月三十日）によってパスキエラ包囲が可能になったにもかかわらず、イタリア独立十字軍は敗北する運命にあった。ナポリでは、始まったばかりの議会が大荒れとなった。五月十五日新たな反乱が鎮圧され、議員たちは蹴散らされ、議会は休会となった。フェルディナンド二世はシチリアの分離派と戦っていたが、ロンバルディアの兵士を呼び戻し、弾圧に全力をふるった。九月になってメッシーナは五日間の砲撃にさらされ、そのため王は「砲撃王《レ・ボンバ》」という異名をちょうだいした。しかし英仏間のあいだで休戦条約が結ばれたにもかかわらずシチリア島民は従おうとはしなかった。

四月、外交的介入が行なわれた。北イタリアのピエモンテ王国に好意的だったイギリスが調停を申し出たところ、オーストリアはロンバルディアといくつかの公国を譲るか、あるいはロンバルド＝ヴェネト王国に自決権をあたえてもよいという気になった。カルロ・アルベルトはこの限定的解決をはねつけた。彼は自由のための戦争の主導者だったが、約束に拘泥するあまり、すでに表明されつつある背信の非難に晒される危険を冒していた。五月末の数日間は、サルデーニャ軍の勝利の終わりを示していた。ラデツキーはクルタトーネとモンタナーラ[1]においてトスカーナの志願兵を犠牲にしたのち、三十日ゴーイトで敗北を喫した。同じ日、ペスキエーラが落ちた。戦闘終了後はあらゆる組織を元にもどすという、開戦時になされた約束にもかかわらず、中道派に影響されたピエモンテ政府は急きょ国民投票を実施し、マニンの激しい反対（七月三日）を無視してロンバルディアといくつかの公国（五月二十九日）、ヴェネツィアの陸地部分（六月四日）、を併合する手続きに入った。諸地域の同化はさまざまな行財政上の困難のなかで遂行された。この併合はかえって戦闘中の国に多大の資力を動員させ、それはもっぱら武装戦に使われることとなった。マントヴァの攻囲戦がながびくなか、ラデツキーは手際よくヴェネトを奪回し、七月二十三日から二十七日にかけて、血みどろの最激戦地クストーザ(2)をはじめとする一連の戦いでピエモンテ部隊に勝利した。カルロ・アルベルトの部隊はしりごみをし、ミラノの市壁の下まで退却したが、その壁も守りきれなかった。市民はオーストリア軍の反撃を予想して激昂し、カルロ・アルベルトがたてこもっているグレッピ宮殿を襲撃した。王は八つ裂きにされそうになりながら市を脱出した。他方ガリバルディの志願兵たちは湖水地方で望みなく延長戦をつづけ、サルデーニャ王国軍はティチーノ川を再度渡った。八月九日。将軍サラスコは、すべての占領地域から撤退することを定めた休戦協定に署名した。トリノ政府はいまやフランスの援軍が来ることを願っていたが、五月に選挙のあったフランスの立法政府は、もはや部隊を派遣しようとしなかった。オーストリアのほうも、ロンバルディアの譲渡だけは受けいれるようにという英仏の提案を拒否した。そしてウィーンで起こった革命を、ロシア軍とクロアチア軍の助勢を得て壊滅させた。フランツ＝ヨーゼフ一世の皇帝即位は、すなわち反動勢力によってオーストリア国家が奪回されたことを意味した。

（1）クルタトーネ、モンタナーラ。「……ラデツキーはクルタトーネとモンタナーラ［ロンバルディア地方のマントヴァ西方］でトスカーナ人部隊を打ち破り、さらにゴーイト［マントヴァの北西］でサルデーニャ軍に攻撃を加えたが、これは成功しなかった」。参考文献WⅠ、六八四頁〔訳註〕。

（2）クストーザ（イタリア語ではCustozzaという表記）の敗因についてマック・スミスは①ラ・マルモラやチャルディーニら指揮官同士の調整不足、②戦況の変化を追跡するのに不可欠の通信施設の建設を怠ったこと、③そして最も重大な誤りとして指揮系統の混乱を放置したことを挙げている。参考文献SV、三一五頁〔訳註〕。

3　統一革命の退潮と失敗

A　国内危機と民主主義勢力の勃興

最初の独立戦争の失敗は半島を内紛の時代に巻き込んだ。中道派のいう連邦制は、新たな政府集団によって敬遠された。それは小ブルジョワないし平均的ブルジョワの出身で、その統一的共和主義はマッツィーニ主義を色濃く反映した集団である。それゆえ全ヨーロッパで二月革命の理想が退色していき、「秩序派」すなわち保守主義が主張されるなかで、イタリアは一八四九年末まで全体の流れに逆らって、かしましい一連の民主主義的実験をつづけた。その背景にあるのは厳しい経済的危機なのだが、このことが従来のアルプスの反対側つまり大陸側の歴史家たちから無視されてきた。というのも彼らはイデオロギー的、政治的解釈の要因に動かされてきたからである。生まれたてのイタリア産業は、不景気と失業の原因である戦争によって激しく揺さぶられた。ヨーロッパの農業危機は、とくに穀物価格が平均の二倍といういわゆる「常時飢餓と背中あわせにある地域」において大きく感じられた。政治的軍事的事件がつづいたため、一般財政収入と関税収入がかなり落ち込む一方、戦費はふくらみ、公的金融は文字通り台風のような激動にさらされた。たとえばピエモンテはそれまで年間平均収入が七三〇〇万リラだったが、一八四八年三月から九月のあいだ、あいつぐ必要に迫られ、二度の強制公債でそれぞれ二一〇〇万リラと四八〇〇万リラ、ジェノヴァ銀行からの借り入れが二〇〇〇万リラ（これには不換紙幣のおまけがついた）ロスチャイルド家から四八〇〇万リラ、そして短期公債で三二〇〇万リラと、合計約一億七〇〇〇万リラの借金を重ねた。そこで疑いもなく社会不安がひろがった。そのことは議会に提出された夥しい請願によって証明され、さらに請願の内容が、当時の労働者階級がおかれた心的状態を明らかにする。われわれはそこに大量の社会主義的でユートピア的文言、すなわち厳密なプログラムもなく、「ヒューマニスト的な夢、もてる者と持たざる者との戦いを漠然と総花的に表現した、貧困絶滅というセンチメンタルな希望」（G・マナコルダ〔イタリア現代史家〕）の羅列をみる。とはいえ要求内容の点から見れば、大衆の不満は微妙きわまりない政治状況に感情的な色彩をあたえ、自由主義的政府を弱体化させるような対立と論争をいっそうかきてていった。

ローマでは日毎に人気が落ちていくピウス九世が、国最高指導者として元フランス七月王政のローマ大使で経済学者ペッレグリーノ・ロッシを招いた。精力的で廉潔なロッシは世俗的権威主義的な意味での行政改革を行なおうとして、イタリア連邦制をねらっているトリノからローマを独立させるべきだと主張した。ところがイエズス会と民主派の双方から攻撃された彼は、一八四八年十一月十五日、暗殺によりドラマティックな最期を遂げる。永遠の都ローマは、たちまち連日の混乱におちいり、十一月二十四日、ピウス九世は都を逃れ、ナポリ領のガエータに逃げる。ヨーロッパのカトリック社会全体に走った動揺は激しく、以後スペイン、オーストリア、フランスの保守三国は教皇の世上権回復を目指すようになった。ローマ議会は臨時政府をつくり、立憲議会を招集した。この議会は一八四九年二月九日、ピエモンテ政府のジョベルティにより出された仲介案を拒否し、教皇廃位と共和国宣言を発した。

トスカーナでも一八四八年十月二十七日、やはり民主派が権力を握った。彼らはローマ立憲議会と連携し、レオポルト二世にとって代わったはモンタネッリ＝グェラッツィ＝マッツォーニの三頭制政府が共和国を宣言した。

ピエモンテでは立憲政治の習得が大変で、最初の議会（一八四八年五月八日から十二月三十日）では三つの内閣が入れ替わった。すなわち七月六日バルボ内閣が、その翌日クストッツァ内閣が倒れた。さらに八月七日カサティ・コッレニョ内閣がレヴェル＝ピネッリによって倒されたが、これも十二月十五日に引退した。王国の結束力が危ないのだ。サヴォイアでは開戦当初からリヨンに定着した亡命者たちがフランス派の援助を受け、軍備の手薄になった公国を攻撃した。「貪食」隊〔一八四六年頃、リヨンの絹織物工がつくった組織〕はシャンベリーを占拠したが（四月三日）、保守派に指導された周辺農民の猛反撃によって追い払われた。経済の急激な不振と激しい対立のなかで早くも自由主義派は、フランス共和国への併合問題を公然と提起しはじめた。ピエモンテへの併合を決して受け容れたことのないジェノヴァは民主的な運動に動かされ、次第に軍事蜂起へ向かっていった。カルロ・アルベルトはしぶしぶながら民主派をよびもどし、さらに一八四八年十二月十六日、ジョベルティは左翼寄りの運動をたちあげた。一八四九年一月二十二日、あらためて行なわれた選挙によって進歩的民主派の多くが躍進し、ジョベルティは彼らの虜となった。四面楚歌に陥った彼は引退し、二月二十一日になるやただちにパリへ亡命し、一八五二年十月二十六日そこで没した。政治の実権は彼の無能な代理人キオド将軍ではなく、ウルバノ・ラッタッツィ[1]（一八〇八〜七三年）の指導する左翼の手にうつった。

（1）ウルバノ・ラッタッツィ（Urbano Pio Francesco Rattazzi, 1808~1873）。中道左派、反教権主義的政治家。マッツィーニ、カヴール、ガリバルディらとならぶ統一運動状の重要人物。一八六二年と六七年の二度首相を務めるが、ヴィットリオ・エマヌエレ二世とローマ問題で意見が合わず辞職〔訳註〕。

B　第二次独立戦争の失敗

ピエモンテは手のつけられない様相を呈しはじめた。ラッタッツィを初めとする左翼はいよいよ対オーストリア戦争再開にまで先走り、三月十四日、戦闘期間について全権をあたえられたカルロ・アルベルトはサラスコ休戦条約を破棄した。解体され、批判されていた部隊は悲惨な状況にあった。まさしくそれは家父長的温存主義に守られたまどろみから狂おしい自由の熱気へと目覚めながら、政治的ごちそうは何もみいだせない国の軍隊だった。前年の一八四八年には采配を振るったカルロ・アルベルトとバーヴァ[1]が、今回の任務を受けるには、あまりに問題がありすぎた。といってフランス人の将軍を使うこともできなかったので、ポーランド人クルザノウスキー[2]に白羽の矢を立てたが、こちらはイタリア語を一言も解さなかった！　あらためてティチーノ川をボッファローラ橋でわたりながら、王は自分が悲劇的運命の前に向かって進みつつあることを知った。一八三四年サヴォイアでマッツィーニの政変にあまりぱっとしない英雄として加わったラモリーノ将軍は、今回ロンバルド隊を指揮したが、どういう状況か不明だが命じられた場所を占領しないので（それがもとでのちに銃殺される）[3]、オーストリア軍のラデツキーはティチーノ川を越え、ピエモンテ軍を退却させることができた。サルデーニャ軍八万の兵士は果敢で戦上手な敵とぶつかった。そして三月二十一日スフォルツェスカとモルタラで敗北を重ねたのち、二十三日、六日間とつづかなかった戦闘のはて、ノヴァーレで壊滅した。休戦条件は厳しかった。カルロ・アルベルトはその日の夜、戦陣で退位して息子のサヴォイア公に王位を譲り、亡命の地ポルトガルのポルトに向かい、同年七月二十八日そこで亡くなった。三月二十四日、二十九歳の若さで跡を継いだヴィットリオ・エマヌエレ二世[4]は、ヴィニャーレの休戦条約であらゆる征服地の放棄と、アレッサンドリア占拠のさい保障した七五〇〇万リラの戦費支払いに同意した。ピエモンテ軍壊滅の結果、ブレッシャでは反乱が起こり（三月二十三日〜四月一日）、オーストリア軍ハイナウ将軍の残虐な手によって抑えられたが、おかげで将軍はハイナウに引っかけて「ブレッシャのハイエナ」という渾名をちょうだいした。

（1）エウゼビオ・バーヴァ（Eusebio Bava, 1790~1854）。カルロ・アルベルトの部隊の知将。第一次独立戦争でゴベルノロ、ゴイトで勝利するも、後にクストーザで敗れる〔訳註〕。
（2）クルザノウスキー（Chrzanowsky Alberto Wojciech 1792~1861）。ポーランドのクラコヴィア（クラクフ）出身の軍人〔訳註〕。
（3）ラモリーノ（Gerolamo Ramorino, 1792~1849）は対ロシア戦争に加わったナポレオン派の将軍だったが、一八三四年のマッツィーニとともに対オーストリアの陰謀を計画し、わずか数時間で捕らえられ、企ては失敗に終わった。一八四八年、ピエモンテ軍の一隊を指揮し、オーストリア軍の進行をグラヴェローネ川で阻むことを命じられたにもかかわらず、ポー川右岸に陣を構えてしまい、スパイの容疑で敗戦の責任を問われ、一八四九年五月二十二日に銃殺された。実際には、命令が不正確だったとされる〔訳註〕。
（4）ヴィットリオ・エマヌエレ二世（Victtorio Emmanuele II, 1820~1878）。サヴォイア公、ニース伯、サルデーニャ王（在位一八四九〜六一年）。一八六一年三月十七日、イタリア統一によって最初のイタリア王（在位一八六一〜七八年）となる〔訳註〕。

C　ローマにおけるフランスの反撃と介入

トスカーナでは中道派がオーストリア支配の復活を逃れたいと考え、いきすぎたデマで大衆をウンザリさせたゲラッツィを倒し、トスカーナ大公レオポルト二世に復位を願い出た。だが大公はこれを拒否する。こうして彼は長い目で見ればみずからの王朝に死刑を宣告し、リカーソリとその一派もそれを見捨てていくことになる。とはいえ、レオポルトはリヴォルノの反乱を抑えたオーストリア軍に訴えて、五月二日、フィレンツェにおける復位を確立した。シチリアでは島を混乱に陥れたイタリア半島からの分離主義が、王国軍の部隊の再征服によってうち砕かれた（三月三十日〜五月十五日）。それ以上に劇的なのは、ローマ共和国の失墜である。五月九日、政権はマッツィーニ＝アルメッリーニ＝サッフィの三頭体制に委ねられた。自由主義的エリートはいたるところで追放され、ガリバルディに率いられるローマ民兵軍にきそって入隊した。マッツィーニは、オルガナイザーとしての筋金入りの資質と防衛体制の準備にきわめて優れた政治的感覚を発揮した。実際オーストリア軍はこのときすでに総督領を奪回し、保守化したフランスも触手をのばそうとしていた。というのもルイ＝ナポレオン・ボナパルトは、自分を大統領の座に就かせようとしている保守的な秩序派とカトリック派をともに満足させたいと思っていたからである。四月二十四日、ウディィノの指揮下にある三〇〇〇のフランス隊が、ヴェッレリでガリバルディに逐われたナポリ軍を退け、チヴィタヴェッキアに上陸した。三巨頭と領事レセップス（後のスエズ運河の建設者）のあいだでもたれた交渉は時間稼ぎの幕間劇でしかなく、ウディィノは六月四日三万の兵とともに攻撃を開始した。攻囲されたローマ軍の執拗な抵抗にたいして彼が勝利するには、一か月が必要だった。七月四日、フランス軍がローマに入ったとき、住民は作戦の最も重い任務を義勇軍にのこして去った後だった。(1) フランス軍の占領を境にいわゆる「フランス問題」が起こったが、これは後の統一運動史にきわめて重くのしかかってくるのである。マッツィーニは亡命の途につき、義勇軍二〇〇〇人を率いるガリバルディは、マニンが抵抗をつづけているヴェネツィアにたどり着こうと試みた。疲労困憊のなかでアペニン山脈を越えてすすむ彼は、オーストリア軍に退路を狭められ、結局小国サン・マリノ共和国に逃れざるを得ず、主力部隊はそこで降伏した。ガリバルディは一〇〇人ほどの部下とともにアドリア海の海岸に沿って逃げようとしたが、敵船によって停戦させられた。岸に打ち上げられ、味方のほぼ全員が逮捕された彼は、疲労のあまり死んでいく妻アニータの死に立ち会った後、トスカーナにわたり、なお波瀾万丈の船乗りの生活にもどっていく[2]。

（1）七月十七日ローマを教皇の手に戻したウディノ（Nicolas-Charles-Victor Oudinot, 1791~1863）は、軍事行動において自分がいかに節度ある行動をとってきたかを強調した。しかし教皇派の猛烈な反撃が市内を襲った。報告を聞いた大統領ルイ＝ナポレオン三世は将軍エドガール・ネイ宛の手紙で「フランス共和国がローマに軍隊を送ったのは、ローマの自由を窒息させるためではない」と述べ、これを「モニトゥール」紙が発表したため、怒ったカトリック派の首相ファルーは辞職した。参考文献PN、二一九頁〔訳註〕。

（2）ガリバルディとその部下たちは、ラヴェンナに近いマンドリオーレの農家でアニータの臨終を迎えた。「午後の陽射しの下で荷馬車はゆっくりと進んだ。……マンドリオーレのラヴァリア家で医者が待っていた。四人はマットレスの四隅をつかんで部屋に運んだ。ベッドの上に妻を置いたとき、私は彼女の顔に死相が現われているのを見たと思った。手をとる……もう脈は打ってはいなかった！あんなにも愛した私の子供たちの母が、この目の前で死んだ！」。参考文献AG、二二八頁〔訳註〕。

他方マニンはペペに率いられる若干のナポリ隊とともにヴェネツィアに閉じこもった。五月二十六日、彼は潟の端にあるマルゲラ要塞で敗れ去った。驚嘆すべき力で厳しい攻囲戦を支え、砲撃とコレラで死んでいく味方の抵抗精神を鼓吹しながら、マニンは八月二十六日なってようやく屈し、パリに向かって発った。ヴェネツィアの降伏は一八四八年の運動の最後の昂揚となった。

半島はヨーロッパ大陸の他の地域と同じく広く軍事力と警察力が支配する場と化し、反動の波で覆いつくされた。オーストリアは総督領、諸公国、そして一時期トスカーナも占領した。ロンバルディアは一八五六年まで包囲された状態がつづき、占領軍は都市部の愛国的選良たちに農山村の細民をたてて対抗させようとした。ピウス九世は再び絶対的権力を認められながら、一八五〇年四月十二日までローマにもどらなかった。革命から消しがたい印象を受け、自由主義の奨励を痛恨のきわみと感じた教皇は、中道化の道をすすめるフランスの勧告にもかかわらず、以後態度を硬化させ、死ぬまでそれを変えることはなかった。いかなる改革にも反対し、世俗権にかんする一切の侵害を敵視した彼は、反動の権化たるアントネッリ枢機卿に実権を託し、精神的次元で教会の支配権を強化することに熱中した。

トスカーナにおける復古は穏やかに勧められたが、これと対照的にナポリ王国では、一七九九年時代の反ジャコビニスム的で過激な行動が目立ち、弾圧によって最悪の日々が再現された。「砲撃王」は優れた知性に恵まれていたが、イタリア全体の独立運動の声に耳をふさぎ目を閉じ、専制的孤立主義の殻に閉じこもった。そこでは彼の粗野でナポリ的な乞食根性が存分に発揮された。効率的な行政機構と外国人傭兵の強力な軍事力に支えられ彼は、買収とテロルをとおして君臨した。警察国家的な体制のために、改革派の最良の部分が壊滅させられ、グループに属する人びとは国外に逃げたり、不運にも刑法上の罪人と同じ牢につながれたりした。傷つき、分断され、辱められながらピエモンテだけが生き残り、自由な制度を守り通した。いまやトリノはイタリア半島の精神的な首都として、そしてリソルジメントの希望としてかつてなく重い存在となろうとしていた(1)。

（1）ローマを逐われ、チヴィタヴェッキア、ジェノヴァ、マルセーユと逃避行を重ね、途中何度か偽造パスポートを見破られながらも、咎められることなく七月二十二日、スイスに着いたマッツィーニは、なお希望を失っていなかった。彼は、翌日ジョルジュ・サンドにこう書き送った。「絶望しているなんて思わないで下さい。機会さえあたえられれば、明日からだって闘争を再開します。とはいえわれわれはあらゆる敵の同盟関係に囲まれており、国民は眠りつづけているのです」。参考文献FG、三二三頁〔訳註〕。

第三章　雌伏十年（一八四九〜一八五九年）

I　マッシモ・ダゼーリョとピエモンテの回生（一八四九〜一八五二年）

民主派が反王制的な反対運動をくりひろげるいっぽうで、劇的な状況のなかで権力の座についたヴィットリオ・エマヌエレ二世の統治は、冒頭から困難をきわめた。とはいえ人間的にも政治的にもさしたる経験もない若い君主は、出だしの一歩の名誉にかけて休戦条約の結論をとりあげ、絶対主義と反動の陣営に復帰させようとするオーストリアの働きかけをさけた。一八四九年三月二十七日になるや、彼は「憲法」をあくまで守ると最初に宣言した。

アルフォンソ・ラ・マルモラ将軍[1]がジェノヴァの反乱を武力でおさえ（叛徒には大赦が行なわれた）、ラデツキーから介入の口実をことごとく奪いとる一方、サヴォイア人ド・ローネーの暫定内閣（三月二十七日〜五月七日）は、一月二十九日に生まれたやっかいな議会とわたりあいつつ、マッシモ・ダゼーリョに首相の座を譲った。「現実的中道派」ダゼーリョの業績は強調されなければならない。なぜならば後のカヴールに活動の場をあたえ、その道標をたてたのは彼の功績だからだ。ダゼーリョはピエモンテの貴族として古い家柄の出身で、その自伝『我が思い出』に現われているように魅力的な人物であった。芸術家にして軍人、ややずぼらであると同時に非妥協的なまでに志操堅固だった彼は、民主主義とはまったく無縁で古風な人柄であった。とはいえこの頭脳明敏で根っからの君主制擁護者は、国を救うには憲法を忠実に実施し、なによりも国民を教育し、市民意識を培うことによって国の構造をかえる以外ないということを理解していた。オーストリアとのあいだで結ばれたミラノ休戦条約の承認を大半の左翼が長引かせているとき、ダゼーリョは王国を無秩序な内政といつまた攻撃に転じるかもしれない敵から救うために、権威主義的体制への回帰と憲法上の保障の停止によって国を恫喝した力強い王の「モンカリエリ宣言」[2]を擁護することにためらわなかった（十一月二十日）。条約は新たな議員によって承認され、一八五〇年三月九日、内閣は白熱した議論ののち国璽尚書によって提案された法を可決させ、シッカルディは司法面における教会裁判権[3]の独立性を廃止した。こうした国家の世俗化がはじまると、当然ローマとのあいだに極度の緊張関係と保守系カトリックの激しい運動が生まれた。トリノの大司教フランツォーニ猊下は逮捕され、亡命せざるを得なくなった。カミッロ・ディ・カヴールは、農・商業大臣として入閣し、一八五一年二月には財務大臣、一八五二年二月には海軍大臣に就任した。平凡な家柄から出世して中道派の議員になった彼は、たちまち不可欠な要人となり、微妙な国家財政の回復と戦時国際の解消に手腕を発揮した。ダゼーリョは戦傷に苦しみ、カヴールの貪欲な活動に圧倒されながらも懐疑的で、この友人が全権力を握りたくてうずうずしているのを感じていた。すでに楽屋ではカヴール派を過半数とすべき中道派の連携がはじまり、ダゼーリョはこうした左傾化に抵抗していた。中道左派のラッタッツィを下院議長候補とする問題で軋轢が生じ、五月十六日首相が辞職してカヴールがこれに代わった。こうした政治的事件の推移を苦い思いで観察していた「騎士マッシモ［ダゼーリョ］」は隠退同然の身となったが、後の難局のさい再びそこから出て国王と国民のために力を貸すことになるのである。

（1）アルフォンソ・ラ・マルモラ（Alfonso Ferrero, marquis de La Marmora, 1804~1878）。ミラノ生まれの軍人、政治家。一八四八年七月、愛国者の不満分子に孤立させられたカルロ・アルベルトを救出。一八六六年四月より対オーストリア戦の戦争大臣〔訳註〕。

（2）「モンカリエリ宣言」（Proclamation de Moncalieri）。一八四九年七月三日、半島内でのピエモンテの指導的地位を守るためにヴィットリオ・エマヌエレ二世は、オーストリアとの屈辱的な休戦協定締結を渋る議会を解散し、「モンカリエリ宣言」別名「回生宣言」を発表した（モンカリエリはトリノ南東の町）。「王国内におけるさまざまな自由の行使には、下院の解散を通じていかなる制限も課されることはない。自由は先王カルロ・アルベルトに関わる尊い記憶を通じて擁護され、サヴォイア家の栄光に委ねられ、さらに次に述べる余の誓いによって守られる。すなわち、余はこれらの自由のためならば、何人も恐れずに行動するであろう……しかし。万が一我が王国が、そして有権者が余に対する支援を拒むのであれば、余はもはや将来に対して責任を負うことはできぬであろう」。参考文献WⅠ、七八三頁、七八四頁〔訳註〕。

（3）教会裁判権（Ecclesiastique du for）。for はラテン語 forumu、つまりわれわれが言うフォーラムという言葉で、ここでは裁判を行なう公的な場所を指す〔訳註〕。

Ⅱ　カヴールの時代（一八五二〜一八五九年）

統一の道標を完成させようとしている二人の人物、すなわちヴィットリオ・エマヌエレ二世とカヴールのあいだには、大きなコントラストがあった。

1　ヴィットリオ・エマヌエレ二世

一八二〇年三月十四日に生まれたこの君主は、父王カルロ・アルベルトの並はずれた冷やかさもロマンティスムの青さももっていなかった。よく動く小さな目、「シレヌスのような獅子鼻」（F・ヴァルゼッキ）、大きく黒い八の字髭……それが散文的な現実の彼の顔だ。戦争、狩猟、愛なんでもよい、単純な衝動を素直に受け容れるタイプの人間なのだ。教養はあまり高くないが、王政復古期の絶対王政的精神と宗教的形式主義のなかで彼は育てられた。とはいえ家柄の古さをひときわ強く意識している彼は、法律や行政の日常業務に取り組むのは大嫌いだった。彼のなかでは忠誠心と名誉の感情が行動と決断に対する無制限の欲求と結ばれたが、山岳人的感覚によってその傾向は中和されていた。僭主的な気安さと痛烈な罵倒の癖にもかかわらず、最終的には彼は、情熱よりも国家理性を優先させた。

2　カヴール

一方首相カヴールは、これとはまったく別の資質の持ち主だった。カミッロ・ベンソ・ディ・カヴール伯爵は保守的伝統をもった貴族の出身である。父親ミケーレ侯爵はトリノの警視総監で、カルロ・アルベルトから篤く信頼された。兄のグスターヴォはカトリックの哲学者であるとともにロスミニを友とし、下院では保守穏健派の議席を占めていた。一方カミッロは父から商才と状況への適応力をを受け継いだ。彼はナポレオン体制の側につき、ピエモンテの国有財産の投機をやってもうけた。これが決定的な契機となって、未来の国家的人物たる彼は当時の環境で生きた同世代にありがちな排他的国家主義や地域主義を免れた。一八一五年後の重苦しい雰囲気のなかで彼のうける教育は、イタリア的というよりはヨーロッパ的なものとなっていく。人文主義的教養や美術にさして頓着しない彼を、ジョベルティは厳しく判断し、説明している。「彼はイタリア的な美質にはあまり恵まれていないが、他方良識、本能的感覚、知識は豊かに備えており、イタリア以外の外国人に近い。思想において彼はイギリス人、言語においてはフランス人である」。人びとは面白がって、半島の復活者カヴールは母国語のようにフランス語を身につけ、トスカーナ語は後から勉強したので、ガリシズム的力強い文章を書き、ヴェネツィア、ローマ、ナポリは生涯見たことがなかった点を強調した。まさにヨーロッパこそが、彼の知的祖国なのだ。父方の祖母フィリピーヌ・ド・サールは聖人フランソワ・ド・サール[1]につづく家柄で、彼もまたサヴォイアの貴族の血筋をひいていた。他方母アデール・ド・セロンはジュネーヴ出身で、つまり彼はカルヴィンの都を知る家柄と縁続きだった。二人の叔母はともにフランス貴族と結婚した。一人は元帝政時代の公務員で王政復古後もその地位にとどまったオゼール伯爵、もう一人はカヴールをパリの社交界に華々しく登場させたクレルモン＝トネール公爵である。

（1）フランソワ・ド・サール（François de Sales, 1567~1622）。サヴォイア出身の聖人、教会博士。厖大な著作を残したため、「ジャーナリストと作家の守護聖人」とされる〔訳註〕。

若年よりカヴールは自分の才能と資質を強く意識し、政治的には家族と手を切り、生涯変わることのない自由主義に与した。そうしたわけで一八二五年、カルロ・アルベルトにより小姓部屋からも逐われ、以後根深い反目が二人を隔てていく。ぱっとしない工兵将校としてアルプスの駐屯部隊で長いあいだ釘付けにされていた彼は、一八三〇年の七月革命にたいする共感が公然と確認されたため、その職も辞さざるを得なくなった。一八三〇年から一八四七年までは、彼の成長にとって決定的な時代である。次男である彼は独立のための物質的基礎を自分でつくらなければならない。そこで彼は、農耕生活にたいする非常に強い好奇心に駆られた。父親は彼をヴェルチェッリに近いレーリ農場[1]の広い田圃に住まわせた。そこの農業で一財産つくった彼は、近代技術のパイオニアとして干拓、化学肥料、初期の機械を土地に導入した。と同時に株の市場メカニズムを学び、一八四七年にはトリノ銀行設立に関与し、外国債に大胆な投資を行なった（もっともかなりの損失を被らなかったわけではない）。金融に手をだしたり、感情問題が起こったりする不安定なこの歳月は、カヴールにとって政治的社会的成熟の時代であった。彼はピエモンテが、ヨーロッパの諸大国からますます遅れていくのを知った。フランス、スイス、ベルギー、イギリスといった国々に長く滞在したのち、彼は「政治的要求と経済的要求は同根である」と信じるにいたった。

（1）イタリアではポー川流域を中心に十五世紀後半から稲作が始まったが、レーリ（Leri）はカヴールがヴェルチェッリ地方に所有するいくつかの稲作地（四八〇ヘクタール）の一つである。参考文献RC、八六頁、八七頁。カヴールによれば「ピエモンテのような小国の経済の将来は、……農業製品の輸出にかかっていた。……また西ヨーロッパ諸国の経済構造の変化とポスト・リカードの経済理論の発展に対し、大半の同時代人に比べ一層の注意を払ったのも彼である。……確かに工業と商業の促進が図られるべきとはいえ、それらの役割はあくまで二次的なものにとどまらなければならず、農業の果たす役割にしばしば従属するべきである」とされた。参考文献WⅠ、五七八頁、五七九頁〔訳註〕。

彼の観念には、根本的に新しいものや独創的なものはなにもない。そこにあるのは十九世紀産業革命を達成しつつある資本主義的支配階級の観念である。とはいえカヴールは、知性にもとづいた鋭く明晰な分析力、自己の優越性を明るく柔和な態度と魅力的な行動力で包みながら他人を判断し指導する心理的洞察力、「あらゆる事態を把握し、思うように操り、導く人間」とサヴォイアのある右翼代議士が無念そうに書いた途方もないその実務能力等のすべてを、そうした観念のために働かせた。彼のなかには権威主義的リアリスム（このリアスムにドイツ人は魅せられ、ハインリッヒ・フォン・トライチュケ[1]は啓発されて、「現実的政治家」とカヴールを賞賛した）と、計算されたリスクとの混淆が存在した。一種の山師だが、驚くべき繊細な直覚をもっており、状況にもとづいて行動を練り上げ、動き、改め、そしていったんここぞと思える局面が見えると、とことんまでそれを追求する、……彼はそういう人間なのだ。

（1）ハインリッヒ・フォン・トライチュケ（Heinrich von Treitschke, 1834~1896）。十九世紀ドイツの歴史家、政治評論家〔訳註〕。

カヴール思想のヨーロッパ的根源ははっきりしている。ルイ＝フィリップのフランス、生まれたての独立国ベルギー、イングランドといった国々から啓示を受けた彼にとっては、経済の拡大が「法治国家」の基礎をひろげるにしたがって慎重かつ漸次的な自由を発展させるような制限君主制と、両極端から等しい距離を守って正しい中道を進むような政府が崇拝の対象となった。一八三五年彼ははじめてイギリスを旅行し、自由企業に基礎をおく経済に大きく啓発された。自由かつ絶対的交換主義を奉じるカヴールは、アダム・スミスとジャン＝バチスト・セイの弟子と自称した。社会と宗教の分野では、彼はヴィクトール・クザン[1]から、世俗的関心を捨てた宗教による大衆の道徳教育という観念を借用した。生活水準の向上と結びついた教育の普及は、彼が公然と敵視する社会主義、共産主義の誘惑から、国民を遠ざけると考えた。貧困には、一八三四年のイギリスの改革（「救貧法」）にならい、国家の「法的慈善」という介入によって立派にうち勝つことができるとした。ジュネーヴでは親類の人びと（物理学者オーギュスト・ド・ラ・リーヴ[2]とその息子ウィリアム、博愛主義者で世界平和主義者ジャン＝ジャック・ド・セロン[3]）と交わした議論で培われた教会にかんする観念の洗礼を受けた。プロテスタントのヴォードワ・アレクサンドル・ヴィネの影響を受けた。この人は「教会」と「国家」の分離を主張するプロテスタントの一派リヴァイヴァル教会派に属し、カヴールは有名な「自由な国家の中の自由な教会」という表現でその思想を要約している。

（1）ヴィクトール・クザン（Victor Cousin, 1792~1867）。フランスの哲学者、政治家。十七世紀の女性にかんする研究などがある〔訳註〕。
（2）オーギュスト・ド・ラ・リーヴ（Auguste de la Rive, 1801~1873）。ジュネーヴ出身の物理学者、政治家〔訳註〕。
（3）ジャン＝ジャック・ド・セロン（Jean-Jacques de Sello, 1782~1839）。ジュネーヴ出身の博愛家。死刑廃止論者、平和主義者。「平和教会」をジュネーヴに設立（一八二〇年）〔訳註〕。

官製の史伝は、目覚ましいカヴールの政治的業績にたいして驚嘆しながらも程々の啓示しか受けず、彼の作品を緑青のような古色蒼然たる伝統でつつみ、ニュアンスを甘ったるくし、リソルジメントを国民全体の神話で飾り立てた。カヴールは権謀術数の天才であり、名組織家であり、「驚くほど易々と」（F・ヴァルゼッキ）再生イタリアをつくる英雄であり、予言者である……。だがこうした見方は猛烈に批判的な見直しの対象となり、カヴールに限界と活動範囲をあらためて認めることによって、彼の行動の条件がを解明された。第一の問題点は彼と王との難しい関係である。ヴィットリオ・エマヌエレ二世は、本能的にこの強烈な個性をもったリーダーを警戒していた。ダゼーリョによって示されたような王権に対する敬意や、ラッタッツィのような愛想の良さとは、カヴールはおよそ無縁だった。公の関係での形式的な親しさに隠れて、二人の間柄は悪化する一方だった。一八五五年以後、カヴールは王のかなり放埒な私生活に介入し、愛人ベラ・ロジーナ[1]と結婚するのを妨げようとした。

（1）ベラ・ロジーナ（本名ヴェルチェラーナ・グェッリエ・ローザ Vercellana Guerrieri Rosa, 1833~1885）。若くしてヴィットリオ・エマヌエレ二世の愛人となり（一八四七年）二人の子供をもうけた。後に妻となったが（一八七七年）、身分違いの結婚のためミラフィオーリとフォンタナレッドの伯領しかあたえられなかった。ミラフィオーリ城近くに建てられた彼女の霊廟はトリノ市に譲渡され公開されるや（一九七〇年）、埋葬物をもとめる盗掘によって遺骸とともに荒らされたが、二十一世になってトリノのコロネッティ公園に再建され再公開された（二〇〇五年）〔訳註〕。

第二の問題は政権運営の方式である。カヴールは独裁体制を敵視し、議会制にたいする執着を繰り返し明らかにしていた。この点で国民の選良にきわめて従属的な機能しか認めなかったビスマルクと、彼とのあいだには隔たりがある。しかしながら多くの代議士が凡庸で視野が狭いことから、政府の指導者には特殊な役割が課せられると彼が考えていたことも明らかである。彼に言わせれば議会は行動の手段というよりは、影響力を行使すべき対象たる多数派から得られる支持と保障の具である。経験主義者で、ベンサム流の功利主義者である彼は、人を利用したのち、ときには切り捨て、「理論的にはリベラリズム、実践的にはマキャヴェリズム」（デニス・マック・スミス）に触発された人だった。

3　内政の嵐

一八四八年のカルロ・アルベルトの「憲法」は貴族体制を編成した。王は外交を統括し、執行権全権を掌握した。議会は議員が王によって指名される「上院」（執拗な保守勢力の安全地帯となる）と、任期四年、二〇四人の代議士の「下院」からなる。後者は一定の資格証明ををもち（一八三〇年のフランスの憲章にある「能力にかんする追補」に相当する）、また最も貧しい地方においても四〇リーヴルの所得税と二〇リーヴルを収めなければならない。一方納税制限が低いにもかかわらず選挙人数は全人口の二パーセント、成人男子人口の五～七パーセントであり、そのうち棄権者数はしばしば有権者数の四〇～五〇パーセントに達した。

カヴールの第一の目標は、多数派の形成であった。彼はそれを中道右派と、ラッタッツィに指導される中道左派との連合によって実現した。このいわば「カヴール＝ラッタッツィ政略結婚《コンヌビオ》」は一八四九年には闘争にまで発展し、決して安定したものではなかった。対立する両翼は、ともに攻撃に熱中したままだった。ソラール・ラ・マルゲリータ、サヴォイア公パンタレオン・コスタ・ド・ボールガールの保守系カトリックはピエモンテ王朝を支持し、これにたいし急進左派は過激で、反教会主義で、かつ辛辣な雄弁家アンジェロ・ブロッフェリオ等に指導されるマッツィーニ的共和派にひきずられていた。

カヴールは、ピエモンテにおけるあらゆる国民的行動の再開は、政治的経済的構造の完全な近代化に従属するということを理解していた。この意味での不完全さが、外国の軍事的援助と競合して一八四八から一八四九年に歴然と現われたのである。

改革の努力は国の部分的世俗化からはじまったが、これは保守派のあいだに猛烈な反対を広げた。一八五二年十二月、政府は上院の反発にあって市民の結婚にかんする法案を引っ込めざるを得なかった。一八五三年十月ラッタッツィが入閣し、一八五三年十二月にはコンヌビオに有利な総選挙が行なわれ、これによってカヴールの多数派は躍進したが、他方国はクリミア戦争介入へと準備をすすめた。一八五四年十一月二十八日、ラッタッツィは修道院にかんする法案を議会に提出した。慈善にも教育にもつくさないで純粋な思索に耽る修道院に圧力をかけようとしたのである。そうした宗教団体の財産は、国の近代化に必要な財源を捻出するために没収される、つまり公行政によって管理されるべきで、収入は教会の金庫を潤すが、それは一八一五年来国家が一部を負担していた在俗聖職者の処遇費として使われるべきだと彼は考えた。こうした措置はどちらかといえば限定された影響力しかもたず（すでに革命下に教会領が売却されているサヴォイアは無関係）、しかも規定は緩やかであったが、途方もない騒動をまきおこした。ローマ教会によって支持された抵抗運動はサヴォイアから波及したが、ここの司教たちは自分たちの利益のためではなく主義のために戦うのでよけい激しく抵抗した。教会に対して形式的に大いに敬意を払ってきた国王も、カヴールの瀆神的政策を告発する講演や記事、請願の波がおしよせるのに圧倒された。彼は元自分の説教師や、ジェノヴァのサヴォイア人司教シャヴァス猊下など取り巻きから、かなり強い圧力を受けた。四月に入って下院で承認された教会財産没収案が上院で議論されると、カヴール政府にたいする最も深刻な危機が勃発した。上院議員でカザーレの司教ナッァリ・ディ・カラビアーナ猊下は王国司教職の名において、聖職者は没収案の撤回と引き換えに、没収によって得られるだけの金額を自発的に支払おうと提案した。五月三日、内閣は「カラビアーナ危機」の問題で辞職した。ドゥランド将軍は右寄りの連合実現に失敗し、トリノのブルジョワジーはぶつぶつ不平を言い、マッシモ・ダゼーリョは気高くもカヴールに対する反感の声を抑え、自由主義的改革の停止から生じるあらゆる危険を王に示してみせた。カヴールは法案を承認させることによって実権をとりもどし、「恐るべき泥沼」から脱却した。しかし彼の任用は国内に猛烈な反対を根づかせ、内閣と保守系カトリックのあいだに埋めがたい溝を掘ることとなる。この瞬間から、サヴォイアはローマ教会の妹たるフランス帝国に向けて軸足を変えはじめ、この隣国への合併が公然と議論されるようになったのである。

一八五六年以降議会の活動は外交問題ならびにイタリア問題一色になる。とはいえ野党は、経済的落ち込みと王国改革の対価としての重い財政負担に興奮し、治まらない。一八五七年十月、議会は解散した。猛烈な選挙戦のなかで左派と極右が反カヴールで一致した。政府は首班がみずから告白するように「厳粛なる敗北」を認め、敵勢の波に一掃される危機に陥った。無効手続きと再投票の結果、最終的に政府は辛うじて過半数を得たが、左派から要注意とされたラッタッツィを犠牲にしなければならない。とたんに「コンヌビオ」をした二人の首魁のあいだに無言の対立が始まる。一八五八年冒頭、満を持したように外交政策が問題に方向転換の鍵をあたえた。たしかにこのまま状況悪化がつづき、内政沈滞化がすすめば、カヴールにとっては致命的打撃となっていたであろう。

とはいえ行政の観点から見れば、貸借対照表は大きくプラスになっていた。法典や法規は古い規定から解放されて積極的で廉直な役人に用いられるようになり、国家にたいしてはかつてない求心力と効率をもたらした。一八四八年から四九年の戦いでその欠陥によって一躍悪名をとどろかせたサルデーニャ軍は鍛え直され、軍人精神と高い指揮をあたえられ、戦争大臣アルフォンソ・ラ・マルモラにより優秀な技術をとおして活性化された。軍は個人主義的で保守的な士官らの心性にうち勝たなければならなかった。しかし軍は、一八五七年、手狭になっているジェノヴァからラ・スペツィアへ兵器廠を移転させる許可を得た。複数の蒸気船を備えた艦隊が建造された。

4　経済改革

経済と財政はカヴールにとって得意の分野であった。彼の業績の基本的な局面は、不幸にしてよく知られていない。ベルトラン・ジルの著作をはじめ最近の研究は、その豊かで複雑な全貌を明らかにしている。この政府首班の考えは、国民全体を近代化と装備の充実という壮大な政策に結びつけるということだったろう。だが人口が少ないうえに平均収入が比較的低い以上、外国資本の導入がこの場合不可欠だった。そこでピエモンテは、当時全ヨーロッパにたいして大規模な輸出をしているフランスの金融に頼った。カヴールはド・ラ・リュ[1]、ボンブリーニ[2]、ボルミダ[3]ら専門家の協力を得て巧みな操作で信用貸しを確保し、また金庫番ロスチャイルドの重苦しい主導権にたいしては、ベアリングズ〔ロンドンで最古の銀行、創立一七六二年〕やハンブロ[4]といったイギリスの銀行家に頼ってそれぞれある程度の釣り合いをとった。とはいえ主要な作戦は、ロスチャイルドの規制において実施された。工業や鉄道事業を刺激するためにトリノ銀行とサルデーニャ動産信用金庫が設立され（一八五六年）、限られてはいるが成功を収めた。絶えざる支出増加のため、一八五四年以降ピエモンテの公的金融は綱渡り的で、カヴールは微妙できわどいマネーゲームに走らざるをえず、しばしば不均衡な予算を提出した。公債発行額は一八五〇年の四億二〇〇〇万リラから、一八五八年には七億二五〇〇万リラに上昇した。大幅な増税によって新たな財源を捻出しなければならないので、財政収入は一八四八年の八二〇〇万リラから一八五八年の一億四五〇〇万リラに増え、野党の大きな不満を買った。カヴール時代のピエモンテ経済を、繁栄への持続的な歩みとみるのは、まったくの幻想であろう。宰相が望んだ急速な変化は必然的にこの国に重い負担を課す結果となり、一八五六年から五八年にかけての世界的な危機（ピエモンテがクリミア戦争に参戦する時期に対応している時期）によって状況は激しく揺れ動いた。商取引の停滞、物価上昇、失業の増加には、一八四六年から五〇年にかけての不況時でも、最悪の瞬間を思わせるものがあった。

（1）ド・ラ・リュ（De La Rue）。ジュネーヴの名家ド・ラ・リュ家の兄弟がつくった商会。参考文献RC、三三頁〔訳註〕。
（2）ボンブリーニ（Carlo Bombrini, 1804~1882）。ジェノヴァ銀行頭取。参考文献RC、一二五頁〔訳註〕。

（3）ボルミダ（Luigi Bolmida）。ド・ラ・リュ社らとともにカヴールの鉄道建設に協力参考文献RC、一二六頁、一六七頁〔訳註〕。
（4）ハンブロ銀行。カール・ジョアキム・ハンブロによってコペンハーゲンに設立された銀行。孫のチャールズ・ハンブロはロンドン支店を出した（一八三九年）。参考文献RC、一九三頁〔訳註〕。

とはいえこの国を半島の他の諸国と比較すると、最終的結果は依然として満足すべきものである。ピエモンテはいわばイタリア経済の原動力であり、その王朝が多くの人びとを政治プログラムのもとに結集させた功績は小さくない。サルデーニャでは一八四九年から五九年にかけての十年間に、消費財の量が倍増した。「カヴール運河」のような潅漑事業（一八五七年完成）が大規模に行なわれる一方、鉄道の分野も目覚ましい進展を遂げた。政治経済の複雑怪奇な密林のあいだを縫うように外国資本が、イタリア鉄道網の建設に投下された。一八五四年ヴィットリオ・エマヌエレ鉄道会社が、サヴォイアからアルプス初の墜道、フレジュス・トンネル（一八五七年から七一年にかけて掘削）を抜けてイタリアとフランスを結ぶ提案を行なった。一八五九年にはピエモンテが八〇七キロ、ついでロンバルド＝ヴェネト王国が六六九キロ、トスカーナが三〇八キロ、ナポリ王国が一二四キロ、教皇諸国が一一三キロ、それぞれ鉄道を敷設した。一八五〇年以降、オーストラリアとカリフォルニアの新鉱山で採掘された金の流入によって貿易が刺激され、一連の自由貿易協定が結ばれた結果、サルデーニャの商業に力強いインパクトがあたえられた。一八六〇年、ピエモンテの商船保有量はナポリ以外には引けを取らず、また海上輸送量は一五四万七〇〇〇トンのジェノヴァが、ヴェネツィア（七〇万トン）、ナポリ（六〇万トン）をはるかにしのいだ。

以下の表で、統一前夜の半島各地の状況を知ることができよう。

１８６０年前後の貿易量
（単位、１００万リラ）

国	輸入	全体に対する割合%	輸出	全体に対する割合%	総額	全体に対する割合%
ピエモント	２６０	３３．９	１７５	２７．３	４３５	３０．９
ナポリ	１１０	１４．３	１３５	２１	２４５	１７．４
ヴェネト	９０	１１．７	６０	９．３	１５０	１０．６
ロンバルディア	８５	１１．１	１２５	１９．５	２１０	１４．９
教皇諸国	７５	９．８	６５	１０．１	１４０	９．９
トスカーナ	８０	１０．４	４５	７	１２５	８．８
他の国々	６５	８．４	３５	５．４	１００	７．１
総計	７６５		６４０		１４０５	

産業活動と貨幣の流通状態が、資源は限られているが熱意に満ちた行動によって支えられる小国ピエモンテと、南イタリアの無気力な大国との不均衡を見事に語っている。メッツォジョルノと呼ばれるイタリア南部[1]は、半島の面積と総人口の五分の二強を占めながら、発意の不足と蓄財のために、巨額の非生産的な資本が停滞しているのである。一八六〇年、イタリアの商工業の会社は三七七社、資本総額一三億五三〇〇万リラ、そのうちピエモンテは一五七社で全資本の半分以上を占めており、これにつぐナポリ、エミリア、ロンバルディアをはるかに引き離している。貨幣流通総額六六八九億二六〇〇万リラにかんしてみると、ナポリがその六五・七パーセント、教皇諸国が一二・九パーセント、トスカーナが四パーセント、ロンバルド＝ヴェネト王国が一・九パーセント、パルマが〇・二パーセント、モデナが〇・一パーセン

ト、サルデーニャ王国はわずか一・二パーセントにすぎない！　一八五四年になってドイツの学者リービッヒは、このような経済的に優位な立場が政治的主導権の根本的な支えであることを理解し、「アルプスの麓にあるこの小国が致命的な打撃を克服し、半島の残りのすべてに運動と、熱気と、力をあたえる活動的分子となっている」と語った。

（1）歴史的にはメッツォジョルノは、一八六一年ガリバルディの千人隊によって併合された両シチリア王国、すなわちアブルッツォ、バジリシカータ、ラティウム南部、カンパニア（ナポリ地方）、カラブリア、モリーゼ、プーリア、シチリアを指す。歴史的観点からは離れるが、サルデーニャも社会的経済的にはメッツォジョルノの一部をなすと考えられる〔訳註〕。

5　クリミア戦争への介入（一八五三〜一八五六年）

カヴールの豊かな思想の根本は、イタリア問題をヨーロッパの政治全体に結びつけるという点にあった。半島の細分化というのは神聖同盟の考え方であり、イタリア解放の企てが起こった場合、問題への不介入というヨーロッパの原則が、この細分化のシステムの保障となってきたと考えられる。しかるにナポレオン三世は、一八一五年の条約の精神を問題視した。彼は神聖同盟がロシア＝トルコ間の紛争に介入するさいイギリス側に立ち、ウィーン体制以後国際政治を支配してきたロシア＝プロイセン＝オーストリアという保守のブロックに風穴をあけようとした。この自由陣営へのピエモンテの加入は、著しい困難をともない、状況はしばしばドラマチックで、単なる副次的な挿話以上の問題となった。サルデーニャ王国軍の参戦は、将来のあらゆる発展を考慮しているカヴールが最も見事に活躍した瞬間の一つに数えられる。実際一八五四年十二月、オーストリアはロンドンやパリからの懇請に応じてロシアと袂を分かち、イギリス＝トルコ＝フランス同盟協定にくわわった（三国は他の列強諸国にも参加の道を開いていた）。このような動きはピエモンテにとっては一大異変となった。なぜならばイタリアからオーストリアの勢力を追放しようとしているピエモンテからみれば、この同盟によってフランスからの援助を受けられる望みは一切断たれることになるからだ。あまつさえイタリア半島の領土的一体性をナポレオン三世は今後修正しないことと、協定の付則はうたっていた。一八五四年九月以降、セバストポリで果てしない攻囲戦がつづき、クリミアの作戦が長引くと、英仏両国はオーストリアの時間稼ぎに業を煮やし、援軍派遣の道を探った。両国は最初ナポリ王国に呼びかけて失敗し、ついでトリノをつかってオーストリアに圧力をかけようとした。ピエモンテにとっての年来の敵との協調関係を受け容れ、国の政策の基本線を放棄することは、きわめて危険な解決ではあったが、さらに始末の悪い戦争の膠着状態から脱却する唯一の道でもあった。ヴィットリオ・エマヌエレ二世の好戦的気質を利用しようとする英仏二人の公使ハドソン(1)とギーシュ(2)に急き立てられて、カヴールは腰を上げた。費用もかかるうえに不人気な、そして何の正当性も見られないこの戦争を国民に肯定させる……この大変な任務を彼は引き受けたのである。ピエモンテの外務大臣ダボルミーダの沈黙によって交渉が足踏み状態に陥ったので、同盟国側は一月七日、最後通牒をつきつけ、掛け値なしの同盟加入を要求した。と同時に、カヴール抜きでヴィットリオ・エマヌエレ二世によるウィーンとの妥協を認め得るだけの権威ある組閣を行なう計画が立てられた。彼は間一髪で危機を察知し、ダボルミーダを解任してみずからその職に就き(3)、一月十六日協定を受け容れた。この協定は曖昧な言葉でつくられており、作戦におけるピエモンテの正確な役割、あたえられるべき代償、平和会議への参加の問題等が定められていない。マッツィーニ派の極左とオーストリア派の右翼が修道院法について喧々囂々の議論をしているさなかの二月十日下院で、三月三日上院で条約は批准された。四月、アルフォンソ・ラ・マルモラによって率いられた派遣隊がクリミアに向かって出航し、現地でイギリス軍と行動をともにすることとなった。サルデーニャは前線の一万五〇〇〇人の兵を維持するために、二万一〇〇〇人の兵を雇わなければならなかった。彼らの戦績は、八月十六日のチェルナイア(4)やトラクティールの戦いに限られていた。彼らにそれ以上の機会を与えて活躍させるほど差し迫った必要はなく、むしろセバストポリの決戦には、彼らは遠ざけられた。とはいえこの戦績は一八四八年から四九年にかけての屈辱を注ぐもので、ピエモンテ国内に大きな反響を呼び、世論は好戦的気分になっていった。銃撃戦による被害はわずかで、戦死者三九人、戦傷者二二〇人だった。だがコレラと物資の不足が二四〇〇人の命を奪った。

(1) ハドソン(Hudson, Sir James, 1810~1885)。イタリア人以上にイタリア贔屓と言われるほど統一運動に理解を示した、イギリスの外交官〔訳註〕。

(2) ギーシュ(Antoine- Alfred-d'Agénor, 1819~1880)。グラモン伯爵、ついでギーシュ公爵〔訳註〕。

(3) ダボルミーダ(Giuseppe Dabormida, 1799~1869)。トリノ出身の愛国者、統一運動家。一八五四年二月のフランスとオーストリアの軍事的連帯を確認したナポレオン三世の『覚え書き』はトリノ政府に大きな不安をあたえた。サルデーニャ参戦を求める英仏両大使、それを受け容れようとする国王とカヴール、これに反対する外相ダボルミーダとの三つ巴の交渉となりもつれた。「しかしカヴールは交渉の決裂がピエモンテにおける自由主義体制の終わりを意味することを承知していた。……カヴールは、今では状況を明確に把握しており、時間を無駄にするつもりはなかった。譲歩をしない決意を固めてはいたが、今やはっきりと少数派でほぼ孤立していたダボルミーダからは辞表を取りつけた。そして、夜の一時から二時のあいだに国王のもとを訪れ、政府に関しては同盟への参加が決定済みでの事項であることを伝えた」。参考文献RC、二六七頁、二六八頁〔訳註〕。

（4） 一八五五年三月十六日、ロシア領内チェルナイア河でセバストポーリ攻囲を終結せんとするロシア軍とフランス＝ピエモンテ連合軍とのあいだで行なわれた戦い。この戦闘では指令官ゴルチャコフが発した「陣翼をはれ」という意味での「初め！」という指令を、将軍たちが「突進せよ」という意味に誤解したため、フランス軍の抵抗にあってロシア軍は大きな犠牲を出した。後年トルストイはこの拙劣な戦いぶりを揶揄した作品をものした〔訳註〕。

ピエモンテは「パリ会議」（一八五六年二月二十六日より四月十六日）に参加するため、きわめて苦しい役割を担わなければならなかった。ウィーン政府は「新オーストリア的気分が支配する」（カヴール）なかで、サルデーニャを排除するためにあらゆる手を打った。それゆえ両国の関係は緊張し、とくに一八四九年の反動以後、亡命したロンバルディア人やヴェネツィア人の財産にかんしてオーストリアから寄託された事案をめぐって緊張の度はますます高まった。一八五五年末になってカヴールは王を連れてフランスとイギリスを旅行し、さまざまな政治的接触を重ねた。ヴィットリオ・エマヌエレ二世は、その突飛で粗野な点が人びとの歓心を買った。ナポレオン三世による歓迎はチュイルリーの小さな「イタリア人閥」に支えられて、ことのほか熱烈だった。サルデーニャの王は平和会議参加の許しを得た。十月七日、コンピエーニュで皇帝ナポレオン三世はカヴールに有名な「私がピエモンテとイタリアのためにできることがあると思うならば、それをワレウスキ（フランスの外務大臣）に書いて出して下さい」と密命をあたえた。[1] むろんこのような寛大さは、たびたび言われるような皇帝の予言的能力を意味するわけではない。なぜならばこの時代には、イタリアにかんして二人の考えの輪郭がまだはっきりしてはいなかったからだ。しかしながら彼らの考えがトリノにとって意味深い激励となる指標になったことは確かである。全権大使に指名されたダゼーリョは、半島全体の再組織化計画の大筋をしめした部厚いメモワールを書き上げた。しかし彼はトーンを変えなければならなかった。というのも予備会議から外されたサルデーニャは、オーストリアとワレウスキとの二重の敵意の犠牲になりかけていた。とくに後者は、サルデーニャに会議にかんする情報しか流さなかった。ダゼーリョは辞職し、代わったカヴールは、より現実的で穏健な第二のメモワールを書いて、イギリス外相クラレンドンから、全員出席の討議開催を強行するという約束をもらった。それでも彼の行動はまだ微温的だったかもしれない。三月三十日平和条約締結されると、またもイタリア問題は人びとの口に上らなくなった。ここでカヴールは巧妙にもイギリスというカードを切った。ナポレオン三世とワレウスキは、イギリスからピエモンテに対する後見の役をとりあげられ、またイギリス主導の流れから外されるのを避けるため、カヴールの介入を受け容れた。サルデーニャ政府の首班は、半島がオーストリアからの圧力のため革命前夜の状態にあることを示した。その国民的願望や民衆の反乱の爆発を窒息させ、なおも徹底的な反動体制を追求していく……ということもまたヨーロッパにとってリスキーな見通しのなかで、列強の義務と関心は、ピエモンテをたすけて問題を解決するという方向に向かった。

（1）参考文献RC、二九七頁〔訳註〕。

かくしてクリミア戦争への参加は、たんなる原則上の請願という形で、具体的には半島にとって何らの成果もなく落着していった。だがその精神的成果は絶大であった。ピエモンテは、列強の仲間入りを果たし、フランスと並んで将来の行動の最初の道標をたてたし、ヨーロッパにたいしては「イタリア問題」の存在を守ったのである。

6 ピエモンテ、国民的覚醒の中心

このように一八五五年から五六年にかけての二年がもたらした決定的な利点は、イタリアの愛国者たちがサヴォイア王朝のもとに巨大な集団となって結集したことである。堅固な社会構造をもち、外交的駆け引きと漸次的な改革という正攻法による戦法を使い分けるピエモンテという国に直面して、穏健派はロマン主義的陰謀家たちの好きな「短剣の理屈」にそっぽをむき始めた。ロンドンでマッツィーニに勇気づけられていた「イタリア国民委員会」(1)のプロパガンダは、聴衆減少の憂き目にあったし、最新の陰謀はいずれも不発に終わった。マントヴァでは延々とつづいた裁判(一八五二年十二月〜一八五三年三月)が司祭エンリコ・タッツォーリを初めとする地域革命ネットの指導者九人をベルフィオーレの小塚で絞首刑にすることによって結審した。(2)他の運動も同様で、ヴェネツィア、ミラノ、トスカーナ北部(一八五三年)、カルロ三世が暗殺されたパルマ(一八五四年)、シチリア(一八五六年)というようにつぎつぎと息の根を止められていった。そこでマッツィーニはカヴール政権を倒すべく、最後の一大行動を企てた。彼はカヴールを統一と民主主義の大儀に背く者として告発していた。サヴォイアの派遣のさい欠席裁判にかけられ死刑の判決をくだされたにもかかわらず、マッツィーニはジェノヴァにもどり、新たな陰謀計画を練るために身を隠して暮らした。計画は三つの行動からなり、それらをリグリアの首都ジェノヴァ、リヴォルノ、ナポリ王国の三地点から同時に起こすことになっていた。しかし南イタリア上陸を確保するべき最初の二つの暴動が、無惨に失敗してしまった。社会主義者でかつてマッツィーニの弟子だったカルロ・ピサカーネ(3)は元の指導者の配下へ復帰し、この最もきわどい計画部分を完成させることとなった。一八四九年にローマ共和国防衛隊参謀本部長を務めた経験のあるこの亡命ナポリ人は、ナポリからの一報を受けるやいなや、ルバッティーノ会社の蒸気船カリアリ号を拿捕する手はずになった。六月十五日、彼は志願兵の一隊とともに船に乗り込み、航行中ポンツァ島の牢獄から三〇〇人の囚人を解放し、ついでカラブリア地方沿岸サプリ島の湾の奥で下船した。しかし協力者は現われず、農民はブルボン隊と手を結んで派遣隊を陥れようとした。血みどろの戦いのあげく、ピサカーネは逮捕を逃れて自殺し、わずかに生き残った者はガレー船送りとなった。

(1) マッツィーニの『青年イタリア（ジョヴィーネ・イタリア）』紙は一八三三年までに五万の会員を数えた。彼は一八四八年これを『イタリア国民委員会（Italian National Committee）』に置き換えたが五〇年以降カヴールの人気の高まりとともに読者数は減っていった〔訳註〕。

(2) ベルフィオーレ事件。英国の亡命者マッツィーニは独立を目指してヨーロッパのみならず新世界にまで基金を募ったが、ミラノで募金を呼びかけていた労働者アントニオ・シエーサがオーストリア警察に逮捕され処刑された。これをきっかけに多くの愛国者が捕らえられ、タッツォーリをはじめとする独立派の細胞が壊滅的打撃を受けた。逮捕者は連座した者の名を明かさなかったため裁判は一八五二年から五四年までつづいたが、結局司祭エンリコ・タッツォーリらがラデツキーにより死刑の宣告を受けた。あるオーストリア人はこのとき、「イタリア人は死に方を知っている」と語ったと言われる。マントバに近い処刑場所ベルフィオーレの城塞を冠して彼らは「ベルフィオーレの生け贄」と称される。参考文献FG、三四二頁、三四三頁〔訳註〕。

(3) ピサカーネ（Carlo Pisacane, 1818～1857）。ナポリの貴族出身の革命家。イタリア無政府主義の先駆者〔訳註〕。

マッツィーニ主義はある程度、徒労でない面もあった。それはカヴールに行動を迫り、ナポレオン三世を刺激してピエモンテ支持にまわらせ、この国を社会的秩序の保障とした。最後にライトモチーフである統一によって、この運動は穏健愛国派の多くがもっている狭い王朝派的視野を広げ、一八五九年以降に広がっていくより遠大な展望へ目を向けさせた。だが第二の死刑判決後亡命先にもどったマッツィーニの教義は、もはやイタリアの政治において副次的な分子しか構成することはなく、フェッラリやカルロ・カッターネオの（一八〇一～六九年。ミラノの五日間の指導者で、四八年に「ヨーロッパ連邦制」を考えた）らと同じ運命をたどった。

パリでは臨終一か月まえのダニエレ・マニンが決定的な転向の嚆矢となった。彼はカヴールとサヴォイア王朝への芝居がかった賛同を表明し、仲間たちも彼がヴィットリオ・エマヌエレに宛てた有名な一句を口々にくりかえした。「イタリア国家をつくってください。ならば私はあなたにしたがいます。そうでなければ、わたしはあなたとともにいません」

一八五七年八月一日マニンは「イタリア国民協会[1]」を設立した。シュピールベルク要塞の生き残りパッラヴィチーノ侯爵によって提案され、トリノの逃げたシチリア人ジュゼッペ・ラ・ファリーナによって活気をあたえられ、さらにカヴールによって直接啓発された協会である。この協会はまもなく南米の亡命先から帰ったガリバルディその人を、名士として受け容れた。ピエモンテ政府の首班はこの会を巧みに利用したが、といってその役割を過大視してはならない。「それは国民感情を管理したが、生みだしはしなかった」（A・M・ギサルベルティ）。とはいえこの協会はピエモンテにとっては強力なプロパガン

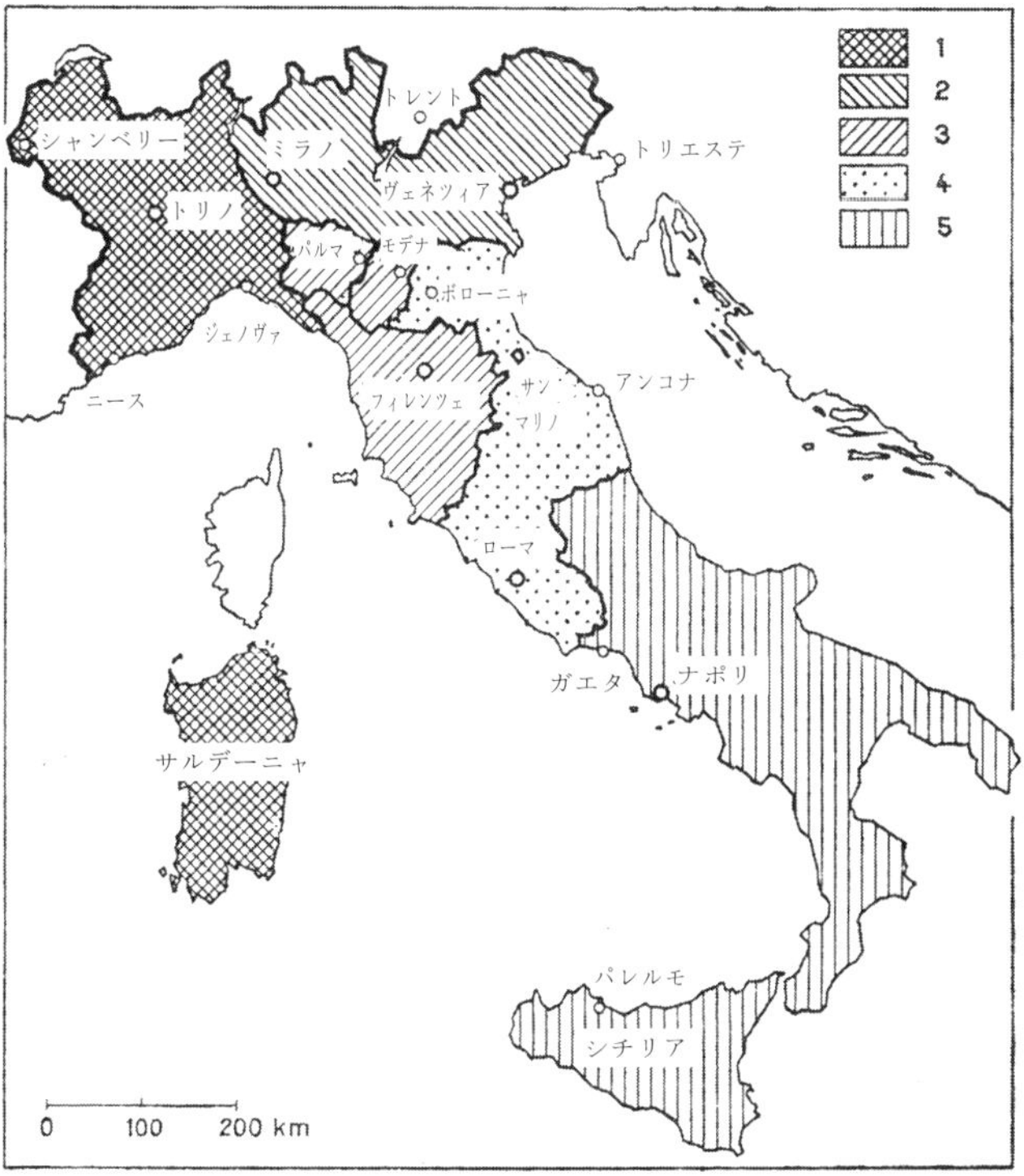

図2　１８５９年の地図

1．サルデーニャ王国; 2．オーストリア直轄領(ロンバルド=ヴェネト王国); 3．オーストリアの影響下にある公国；4．教皇諸国；5．両シチリア王国；

各国の人口（単位１０００人）

サルデーニャ・・・・・・・・・・・・・・・・	５１７６
ロンバルディア＝ヴェネト王国・・・・・	５５０３
パルマ・・・・・・・・・・・・・・・・・・	４９９
モデナ・・・・・・・・・・・・・・・・・・	６０４
トスカーナ・・・・・・・・・・・・・・・・	１７９３
教皇諸国・・・・・・・・・・・・・・・・・	３１２４
ナポリ王国・・・・・・・・・・・・・・・・	９１１７

ダの武器であり、穏健派ブルジョワジーの結集をうながす触媒であった。

（1）ヴェネツィア人ダニエレ・マニンやシチリア人でマッツィーニから離反したジュゼッペ・ラ・ファリーナ（1815~1863）らによって、一八五七年八月に設立された愛国主義的協会〔訳註〕。

もう一つ基本的な事実としては、国民思想のるつぼともいうべきサルデーニャがもつメディア的機能をより有効に活用化させた、政治亡命者集団の役割がある。さらに一八四九年から五〇年にかけての反動時代の夜が明けて、自由派の知的エリートは自由主義のオアシスたるトリノに避難先を見出した。愛国主義者たちは双手をひろげて迎え入れられ、一八四九年の九月二十二日以降下院は彼らに市民権と政治的権利を認めた。行政への参加も認められ、オーストリアによる財産供託が実施された一八五三年二月六日以後は、救援物資が贈られた。彼らと接触することによって、それまで文化の領域で、半島と同じくらい（それ以上とは言わないまでも）フランスに顔を向けていたピエモンテの首都は、同胞諸国家のラテン的熱狂に染まり、みずから熱くなるのである。近代批評の父とされるナポリ出身フランチェスコ・デ・サンクティスは文学の講座を開き、知識階級のサロンではトスカーナ語がフランス語と競合しはじめ、そこへ亡命者たちが殺到した。こうして、十九世紀後半のイタリアを導くべきあらゆる人びとが集まる環境のアマルガムが誕生した。政府にはヴェネツィア人で土木工事の技師ピエトロ・パレオカパ[1]や、ボローニア人ルイジ・カルロ・ファリーニ（一八一二~六六年）、さらに二人のロンバルディア人ピエトロ・モンティチェッリと、一八五九年に小学校義務教育制を唱えたカブリオ・カサーティが加わった。青年時代のナポレオン三世の友人フランチェスコ・アレーゼは上院議員になり、シチリア人でカヴールの腹心ジェゼッペ・マッサリは下院議員に選出された。彼の同郷人としては経済学者アントニオ・シャロージャ、ラ・ファリーナ、フランチェスコ・クリスピ、ジャーナリストで歴史家のエミリア人ニコメド・ビャンキ、ダルマチアの詩人ニッコロ・トッマセオとトスカーナの詩人ジュゼッペ・プラーティ、その他多くの人びとがトリノをイタリアの愛国精神の首都としたのである。

(1) ピエトロ・パレオカパ (Pietro Paleocapa, 1788~1869)。軍人、政治家、技術者。ヴェネツィア、ヴェローナの沼沢地の開発整備を行なった。マッシモ・ダゼーリョ内閣に建設大臣として入閣。晩年失明後も鉄道やトンネル(モン・スニ運河(スエズ)の建設に尽力した。ヴェネツィアのパパドポーリ公園に像が建立されている〔訳註〕。

第四章　イタリア王国の形成（一八五九〜一八六一年）

Ⅰ　フランス＝サルデーニャ同盟と一八五九年の戦い

1　ナポレオン三世、フランスとイタリア

一八五八年から六一年までの三年間は、浮かび上がった統一の流れのなかで、さまざまな大きな成果をもつ決定的な段階を具現する時代となる。一八六一年六月カヴールが亡くなり、イタリア王国はサヴォイア家の三色旗のもとにヴェネツィアとローマをのぞくイタリア全土の国々を集めた。この時期のイタリア問題は、それまで「リソルジメント」の動因となる国内の政治的事件が争点だったが、そこに外交的要素が絡む国際問題となるのである。

同じ頃、パリ会議（一八五六年）が終わったばかりのフランス帝国は、国内の統一と物質的繁栄を達成し、栄光の頂点にあった。とはいえ世論全体が一致してイタリア解放を望んでいるなどとは、とうてい言い難かった。ワレウスキが率いる外務省の公式見解はこの問題に触れず、それが国民感情と同調し

ていた。国を対オーストリア戦にフランスを巻き込んだのは、何よりもナポレオン三世の意志であった。一八五八年のフランスにとってばかりでなくドイツにとっても（しかもアルプスの反対側のエリートはことごとくフランス的教養によって育まれている時代である）、イタリア半島の主要な機能はカトリシズムと芸術の揺籃でありつづけることだった。イタリアは考古学的な過去に向かった「死者の地」、遺跡と博物館からなる好尚と感性を教える国、怠惰で無教養という常套句で描写され国民に背を向けながら、趣味的愛好家の好奇心をかき立てる文化的観光の目的地であった。イタリア人にたいして人びとはことさらに、偉大な国民の能力を認めることを拒否していた。わずかに反教会的でリベラルな一部の人びと（ジョルジュ・サンド、デュマ、ルイーズ・コレ、『両世界評論』の主幹ビュロ）が、ガリバルディやカヴールから感銘をうけたにすぎない。他方一般大衆は、ラマルティーヌが一八二五年に書いた『ハロルドの巡礼の最後の歌』の

他の地に私は行こう（赦したまえ、ローマの亡霊よ！）
私は人間のくずよりも人間そのものを求める

という一節に相変わらず共鳴していた。

もっともイギリス人は「イタリアの悲願」をより深い部分で共有していたかも知れない。よく知られているように、反動的なナポリの光景はグラッドストーン[1]の思想の発展に決定的な影響をもたらし、後

に彼はそれを「神の否定」と名付けている。とはいえイギリス人の同情にはいささか植民地主義的優越感と反教皇主義的なプロテスタント精神の色合いがあり、プラトニックな支持と外交的支援をとうてい越えるものではない。結局イタリア解放を成功させるのに不可欠な軍事力をもっているのは、ナポレオン三世だけなのだ。イタリアは「ナポレオン的観念」（もっともこの観念はしばしば相矛盾する動機から着想されたが）を実践するのに好ましい地なのだ。イタリアは彼にとって忘れ得ない根深いテーマであり、同時にそれは多くの場合挫折と忘恩という報酬しかもたらさなかったにもかかわらず、この国への一種の同情ともなっていた。追放の記憶、青年時代の友情、ロマニアの反乱時における男としての体験、……そうした遠い過去の繋がりをとおして、皇帝は半ばイタリア人になっていた。イタリアの国民的形成をフランスの後見において支援することは、彼にとって至上命令であると同時に義務感でもあった。とはいえ体制の転換点にいる彼が鋭敏に配慮しているフランスの世論と国民的利益にかんするデータを、組み合わせて考えなければならない。彼は国境のむこうつまりアルプスの反対側に一枚岩の強力な国家を望んではいなかった。彼が望むイタリアは、偉大なフランスから政治的インパクトを受けつつ経済上の顧客となるような、つまりナポレオン的構想にもとづいたイタリアだった。権威主義的フランス帝国を最もしっかり支えているカトリックの環境は、ローマ教会とその世俗的権威に彼が手を着けることを許さないであろう。そうしたカトリック世界を喜ばせるために、一八四九年ナポレオン三世はピウス九世を教皇の座につけた。だがこれに対する国際的な反発も考えなければならない。イギリスはプロイセンと同じく、大陸におけるフランスの覇権が確立するのを見過ごす気はないし、クリミア戦争で結ばれた絆がイタリア問題で断たれることもないだろう。他方ロシアはナポリの絶対主義的政府を支持していく。こうした暗礁のあいだに挟まれて、ナポレオン三世は微妙な賭けに出て、カヴールがそれに柔軟に対応した。その裏には無数の突発事件、どんでん返し、闇取引があり、そこには未来永劫変わらない陰謀家ナポレオン三世の面目が躍如と現われていた。

（1）イギリス自由党の政治家グラッドストーン（William Ewart Gladstone, 1809~1898）は一八五〇年から五一年にかけて盲目の娘メアリとナポリを訪問した。彼は許されてナポリの牢獄を見物したときの印象を首相アバディーン卿宛の手紙のなかで「この政府の制度には神の否定が確立されている」と書いた。森谷貫教／松本雲舟、MG〔訳註〕。

イタリア計画を実現するために皇帝は、少数の腹心のグループによる非公式の仕事を利用した。それは従弟のジェローム＝ナポレオン、元主治医のコノー、友人アレーゼとアレッサンドロ・ビクシオ（彼の弟ニーノはピエモンテの将軍である）らの集団で、さらに宣伝家ラ・ゲロニエールの好意的な記事も加わった。

2　オルシニ事件：プロンビエールの会談（一八五九年一月から七月まで）

一八五八年一月十四日、皇帝夫妻がオペラ座に向かう途中、三発の爆弾が行列をなぎ倒した。四人の死者と一〇〇人以上の負傷者が出たが、幸い皇帝夫妻は奇跡的に命拾いをした。まもなく警察は、陰謀の張本人でロマニアの伯爵フェリーチェ・オルシニとその一味を偶然逮捕した。オルシニはマッツィーニ派から飛び出し、単独で行動していた。イタリアのために何もしてこなかったナポレオン三世を、「カルボネリーアの裏切り者」として罰しようとしたのである。一八五五年以来、イタリア人がフランスの支配者たる彼を暗殺しようとしたのは、これが三度目である。二月十九日から「一般安全法」の弾圧的規制が帝国全土を襲い、パリとトリノの関係は緊張し、カヴールの辛抱強い接近の努力が危うくなった。革命家の巣窟として告発されたピエモンテは、出版の自由にたいして一定の制限を認めざるをえなくなった。だがフランス側の要請に対して、ヴィットリオ・エマヌエレ二世が態度を硬化させた。裁判においてオルシニの弁護士ジュール・ファーヴルは、イタリア国民が自立できるよう助けて欲しいと懇願する被告人から皇帝に宛てた手紙を読み上げた。三月一日、死刑を前にしてオルシニは当局に触発されて、二度目のメッセージを書き、あらためてその願望を述べ、犯行に対する悔恨の念を表明した。ナポレオン三世はこれをモニトゥール紙に掲載し、同時にサルデーニャの官報『ガゼッタ・ウフチアーレ』にも載せるようカヴールに送ると、大きな興奮がまきおこった。かくしてオルシニは目的を達し、皇帝を密かな豹変による行動へと駆り立てた。五月、コノー医師はトリノで的確な突破口を開いた。彼はプロンビエールという小さな温泉地へカヴールを招き、湯治に来ている主人ナポレオン三世と会談させた。一八五八年七月二十一日、二人は極秘裏に二回にわたり重大な会談を行なった（カヴールがヴィットリオ・エマヌエレ二世に送った長い報告は、そのときの生々しい調子を再現してくれる）。皇帝はヨーロッパ的な視点からみて対オーストリアへの開戦が妥当とされるならば、二〇万の兵と強力な財政援助をもってピエモンテを支援する準備があると断言した。そしてバルボとジョベルティの計画案を思わせる連合計画にもとづいて、彼自身の半島再編計画を明らかにした。とはいえこれはカヴールの考えに即した計画でもあり、要するに彼はこのときまだ未来のイタリア統一という観念をもっていなかったのである。ここではフランスにとって脅威とならないような四つの区分がつくられようとしている。すなわち、①北部はロンバルディア、ヴェネト、パルマ、モデナそしてロマニアと総督領等によって拡大されたサルデーニャ諸国が、「北イタリア王国」(地理的にはポー川流域、人口一一〇〇万)を形成する。②教皇はローマとその周辺地域におさまり、体面上の代償として大統領職をあたえられる。③トスカーナを含む残る地域は、十八世紀初頭のエトルリア王国を思わせる「中部イタリア王国」として生まれ変わり、ナポレオン三世はこれを従弟のジェローム・ボナパルトにあたえようと考えた。④両シチリア王国はそのまま守られる。さもなければ王朝は廃位するが、その場合はナポレオン三世はかつてのナポリ王ジョアシャン・ミュラの凡庸な息子リュシアン・ミュラを王位に復権させることになることを望んだ。協力の代償としてフランスはサヴォイアを要求したが、王朝開祖のこの祖国サヴォイアに抱く主人の愛着を無視したカヴールは、これには反対しなかった。だがニースについては、彼の返事はあやふやであり、サヴォイア王女つまりヴィットリオ・エマヌエレ二世の娘クロチルドとジェローム・ボナパルトを結婚させるというビクシオの提案についても、同じような曖昧な答えしか返さなかった。

3　プロンビエールからヴィッラフランカ(一八五八年七月から一八五九年七月まで)

戦争への歩みは、ぎりぎり最後の瞬間まで不安が続くという奇妙な状況のなかで進んだ。すでにみたようにフランスでは世論は戦争に反対だった。そのいっぽう、一八五九年まではカヴールの腹心にたいして封印された秘密とフランスの公式外交の姿勢が、カヴールを平和の攪乱者と見なす政治観察者をあわてさせた。王家の結婚話は結局無数の面倒をひきおこし、ピエモンテ王の多大の精力と暴力沙汰さえあって、ようやく国家的大儀の名において敬虔な十七才のクロチルド王妃に、二十歳で反教会主義者で道楽者の評判が高いジェロームとの不釣り合いな結婚を認めさせることができた。とはいいながらフランス＝サルデーニャの作戦は徐々に具体化した。一八五九年一月一日、外交使節団のレセプションのさい、ナポレオン三世はオーストリアの大使ユブナーに、残念ながら仏・墺関係が以前ほど良好でないということを明らかにした。一月十日、議会開会に当たってヴィットリオ・エマヌエレ二世はパリと同調した熱っぽい演説において、「すべての条約を尊重するとしても、イタリアの地からきこえてくるかくも多くの〝痛ましい叫びに〟われわれは鈍感でいることはできない」と宣言し、愛国者たちを熱狂させた。一月二十六日、プロンビエールの取り決め通りの同盟の密約が交わされた。日付は数週間前にさかのぼらせ、三十日に挙行される祝言に先立って交わされたようにとりつくろった。イタリアじゅうの雰囲気が盛り上がり、アレッサンドリアにあるピエモンテ軍の要塞を一〇〇門の大砲で武装するため、寄付が募られた。両院では、大型軍事国債を発行することと、殺到する志願兵の登録・調整の任務をガリバルディに下すことが可決された。ラ・ゲロニエールの署名入りパンフレット『ナポレオン三世とイタリア』で、皇帝は連邦制による国の再編を公然と謳った。

しかし三月に入るや列強は警戒しはじめる。イギリスの保守党内閣は、妥協による解決の任務を帯びたカウリー卿を派遣した。同月十八日、ロシアがイタリア問題解決のための国際会議開催を提案した。

戦争の見通しにたいするこの一般的反対の動きを見て、ナポレオン三世は困惑し、とまどった。彼は会議に加わり、同時にカヴールにもそうするよう促した。サルデーニャの首相はパリへ向かう途中、チュイルリーの主人に翻意を求めたが空しかった。鉛を飲んだような気分でカヴールは、ロンドンで進められている予備的武装解除の原則に同意し、以後の会議で五大大国と対等な立場に立つことを放棄せざるをえない……。プロンビエールで生まれた希望の火は完全に消えたかに思われた。

ところがオーストリアが、一変して挑発するようになる。フランツ＝ヨーゼフ二世は戦争は避けがたいと感じ、事態をもっと切迫させ、フランスの準備が完了する前にピエモンテを除去するのが得策と判断した。そのいっぽうオーストリアの財政状態は惨憺たるもので、長引く軍事行動を支えることは不可能だったのである。四月二十三日、ウィーンはトリノにたいし、即刻武装解除し、志願兵を除隊させよという最後通牒を突きつけた。これこそカヴールが長年待ちつづけた挑発行為であり、彼は要求をはねつけ、自分は先祖伝来の敵から受けた攻撃の犠牲者として通した。[1] 二十九日、オーストリア軍元帥ギュライ元帥の部隊が、ティチーノ川を越えた。

（1） 参考文献RC、三七九頁～三八七頁〔訳註〕。

イタリア軍の短い戦いは軍学的に傑作ではなかった。フランス軍は準備不足と無秩序がはじめから目立った。しかしそうした欠陥は、緒戦の成功で世論からはたちまち忘れられた。フランス軍がトゥーロンやジェノヴァの海路からアルプスの峠にゆっくり進み、五月いっぱいかけてアレッサンドリアに集結しようとしたのにたいし、急きょドーラ・バルテア川のラインを固めたり、潅漑用水の水門を開いたりしながらトリノを守っていたピエモンテ軍六万六〇〇〇は、十二万のオーストリア軍によって殲滅される危険を冒した。五月末になってフランス軍の兵力はようやく十一万五〇〇〇に達し、作戦を実行できるようになった。部隊はナポレオン三世が最高指揮官となり、ヴィットリオ・エマヌエレ二世のサルデーニャ軍がその指揮下に入ったガリバルディはアルプス猟兵隊を指揮した。というのもナポレオン三世が、この部隊を正規軍に編入することを拒んだからである。

両軍はともに計画を欠いており、決定は現地の下級士官と連合軍の速攻によって実施された。だが相手はねばり強かったが、こちらの士気はもっと凡庸だった。双方の将軍は、一七九六年から九七年にかけてのナポレオン一世の戦法を思い出して金縛りにあっていた。オーストリア軍はポー川右岸からピアチェンツァに向かっての攻撃を予想していた。この予想は五月二十日のモンテベッロ(1)の戦いで確認された。このとき兵力七五〇〇のフランス=サルデーニャ軍は、二万のオーストリア軍勢に完勝した。だがナポレオン三世は第一帝政時代の老将ジョミニの意見にしたがったのであろうか、全軍を一つにした一大単独作戦を考えた。すなわち大軍を北へ向かって方向転換させ、二十七日ポー川を渡り、カザーレに行き、ついでミラノに移り東に向かった。サルデーニャ軍は前衛の移動をカヴァーするために、五月二十九日から三十日にかけて敵軍をパレストロ、ヴィンツァリオ、コンフィエンツァ、カザリーノで追い払った。他方ガリバルディは三〇〇〇のアルプス猟兵隊を率いて湖水地方に突撃し、五月二十六日と二十七日にヴァレーゼとサン・フェルモで勝利を収めた後、コモを占領した。相前後して五月二十五日、トスカーナの臨時政府は後述のようにトスカーナ大公を倒し、ナポレオン公の指揮下にあるフランス隊

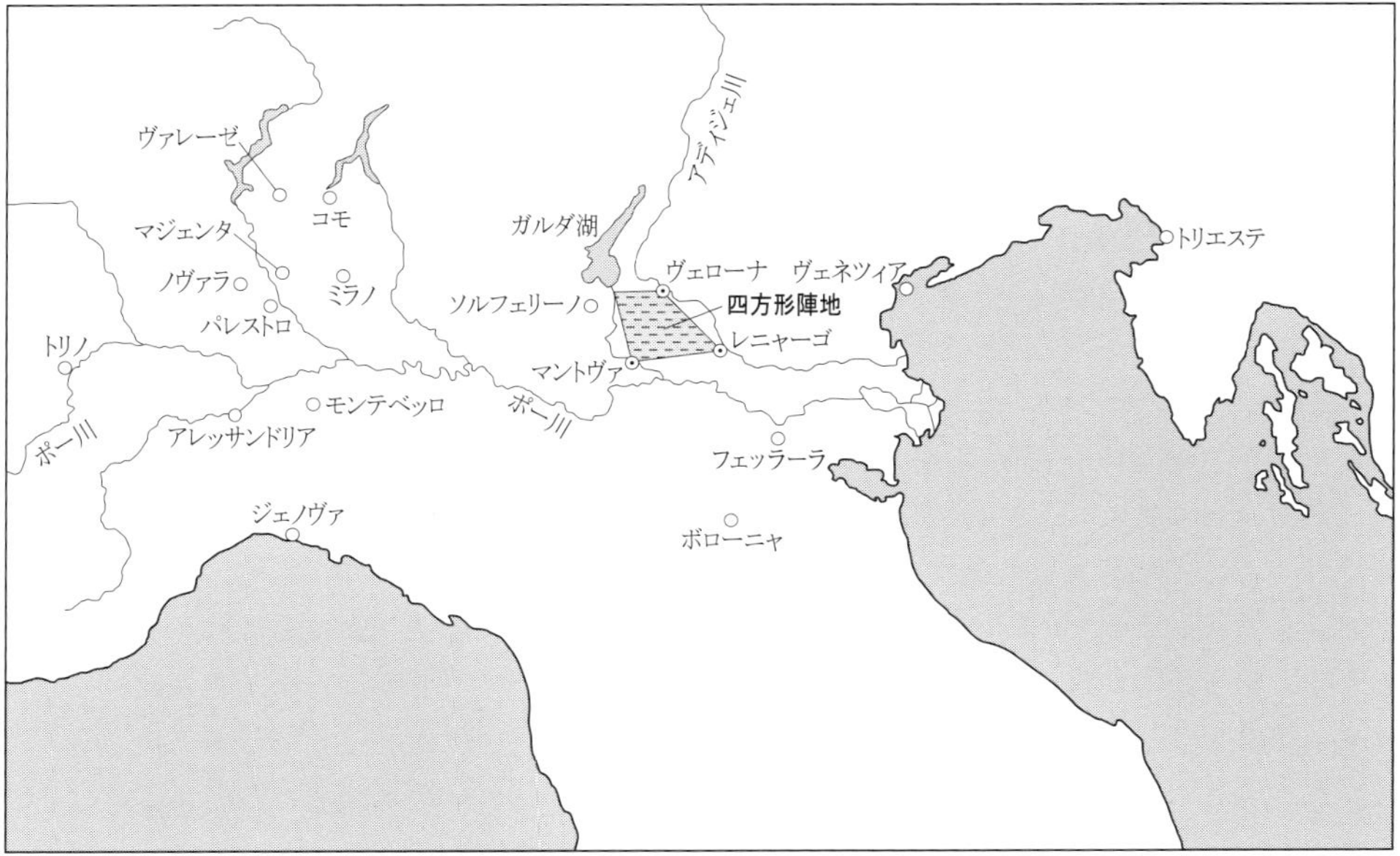

ポー平野の戦場と四方形陣地（1948 ～ 1849 ～ 1859 ～ 1866）

はリヴォルノに上陸した。

(1) 一八五九年五月二十日、ロンバルディアのモンテベッロにおける会戦で、フランス＝サルデーニャ軍はオーストリア軍に勝利を収めた〔訳註〕。

六月四日、サルデーニャ軍は通信の錯綜から、マジェンタの戦いにはほとんど参戦しなかった。オーストリア軍はティチーノ川やナヴィーリオ・グランデ運河[1]といった自然の要衝に守られて、長期戦でフランス軍の攻撃を跳ね返した。ついにマク・マオンの部隊が到着して北のトゥルビゴ川から参戦し、決定を実行した。敵はミラノを捨てて整然と撤退し、かわってナポレオン三世とヴィットリオ・エマヌエレ二世が驚喜した観衆の喝采に迎えられて上洛した。皇帝はあらためて、イタリア国民の独立に対する「合法的願望」の実現に協力することを宣言した。

(1) フレデリック・バルバロッサの攻撃に備えてアッビアーテ・グラッソとランドリアーノとのあいだにつくられたミラノで最も大きな運河〔訳註〕。

しかしこの軍事作戦をともなった政治的激変は、プロンビエールで提示されたイタリア連邦制という解決策（とは、すなわち分離された諸国にたいするフランスの覇権と国民のアイデンティティの原則の妥協点である）がもつもろさを露呈させた。実際は半島全体が沸騰しているのだ。開戦直後の四月二十七日以来、トスカーナは君主レオポルト大公を追放した。高度の教養と洗練された文化をもつこの国が外国の王朝の後見にわずかしか依存していなかったにせよ、中道派のエリートたちは徐々に国家的大儀に与するようになっていった。時代遅れの特権にしがみつき、ピエモンテとの同盟を拒んできたが大公は、自由主義に改宗したときはすでに遅く、「礼節をもってなされた革命」によって血を流すことなく失墜した。ボンコンパーニ(1)が統括する臨時政府が組織され、実権を託されようとしたヴィットリオ・エマヌエレ二世はトスカーナの運動を支持し、王国主任弁務官を指名するだけで満足した。ジェローム・ボナパルトはたしかに部隊とともに上陸したが、ボナパルト一族に玉座をあたえるという考えは共感を呼ばなかった。それどころか地方分権主義に敏感だったり、啓蒙主義的改革を擁護したりする中道派の多くは輝かしい勝利に貢献した人びとであり、はっきりと自治に傾いていた。とはいえベッティーノ・リカーソリ男爵(一八〇九～八〇年)という厳しくも精力的な人物に圧倒されて、ついに統一派と親ピエモンテ派が優勢になった。

(1) ボンコンパーニ(Carlo Boncompagni di Monbello, 1804～1880)。ピエモンテ出身の自由主義穏和派。トスカーナの臨時政府には、サルデーニャ王国の代表委員として加わった彼は、最初政治色の薄い官吏だけによる行政の実施を企てたが、穏和派の反対にあい、リカーソリら自由主義的統一派に協力せざるを得なくなった。参考文献WⅠ、八一六頁〔訳註〕。

マジェンタの勝利が、オーストリアの衛星諸国の崩壊をはやめた。六月十一日、モデナのフランチェスコ四世は、暴動ののち嫌われ者となってマントヴァに逃げた。パルマでは中立を守ってきたマリア＝ルイーザ公妃が、息子に玉座を譲って退位しようとしたが果たせなかった。というのもモデナと同様臨時政府がピエモンテへの合併を布告したからである。トリノは特別弁務官としてパッリエリを招聘した。ロマニアと総督領はオーストリアの駐屯隊に見捨てられ、国民協会によって煽られた暴動の舞台となった。七月十一日、ボローニャは枢機卿知事を追放した。ここでも執政権を提案されたヴィットリオ・エマヌエレ二世は、この教皇の地を占有することに躊躇し、提案をうまくかわした。つぎは七月十四日、ウンブリア地方のペルージャの番だ。こちらの都市はウンブリアとマルケの両地方にピウス教皇の権威を回復させた教皇庁の傭兵隊によって占拠され、略奪されたが、総督領では相変わらず蜂起が続いていた。

いちはやくカヴールがロンバルディアのサルデーニャへの行政的な統合の手続きをはじめる一方、オーストリア軍はヴェネトの国境まで退却し、マントヴァ、ヴェローナ、ベスィエーラ、レニャーノの四都市がつくる四片形陣地を背に対抗した。六月二十四日、両軍はまさにこの地であいまみえ、戦いは次第に一大会戦となっていった。オーストリア軍の総指揮を執るフランツ＝ヨーゼフは、ヘス将軍に補佐されながらマントヴァの手前の開かれた平地に一三万四〇〇〇の兵を配した。(1)ソルフェリーノの塔を頂く周辺の砂岩の丘陵がガルダ湖を円形闘技場のように囲んでいるところである。さまざまな混乱した事件がつづくが、勢力の伯仲する部隊の戦闘はえんえん二〇キロにわたる前線で、二つの大きな絵巻のように展開していった。南では九万六〇〇〇のフランス軍が主たる主戦場を支えていた。従来ナポレオン三世の戦闘能力は、セダンの敗残者として彼を見るすべての歴史家によって容赦なくこきおろされてきた。しかしこの日の彼の指揮は、最近のイタリア人専門家たち（たとえばピエロ・ピエリ）の著作によって明確に再評価された。彼は直感的に戦いの命運がかかっている中央を突破しなければならないと考え、他方ニエル将軍(2)はメドレ＝グィディッツォーロ間の平野で数において上回る敵の侵攻を英雄的にくい止め、すさまじい攻撃を繰り返してソルフェリーノついでカヴリアーナを奪った。とはいえオーストリア軍が四片形防衛陣に退くことは、猛烈な嵐のために阻止できなかった。北部では、オーストリア軍のべネデック[3]ががっちり固めているサン・マルティーノの断崖の上で、サルデーニャ軍の作戦は支離滅裂になった。ヴィットリオ・エマヌエレの兵士三万七〇〇〇人はすでにイタリア軍の一部となっていた。というのも兵の三分の一は他の国の出身だったからである。夜になって何度も猛攻を繰り返したあげく、ようやく彼らは頂上に達することができた。

（1）ソルフェリーノ（Solferino）は人口二三〇八人のイタリア共和国ロンバルディア州マントヴァ県のコムーネの一つである〔訳註〕。

（2）ニエル将軍（Adolphe Niel, 1802~ Paris）、フランスの将軍。ソルフェリーノの軍功によりナポレオン三世より元帥、戦争大臣に任命される（一八五九年）〔訳註〕。

（3）ベネデック（Ludwig von Benedek, 1804~1881）〔訳註〕。

サルデーニャ軍がペスキエーラ攻撃を企てると、ナポレオン三世はカヴールの知らないところでオーストリア皇帝と接触した。七月十一日、二人の皇帝はヴィッラフランカで会談し、予備的平和協定を結んだ[1]。彼らはロンバルディアをいったんフランスに譲り、そのうえでピエモンテに再譲渡するととり決めた。中部イタリアで退位した君主たちは、何らかの方法で復位し、教皇が主宰する連合国が実現され、そこにはオーストリア領とはいいながら自治権があたえられたヴェネト地方が含まれるということになった。ヴィットリオ・エマヌエレ二世はやむを得ず折れ、「自分にかんする限りにおいて」つまりイタリア再編案のなかで自国の自由を確保するという意味において、予備交渉に入った。絶望したカヴールは、一時単独でも戦争を継続しようと考えた。七月十日、彼は王と激論をかわした末、十二日、最終的に辞職した。代わって首相の座に就いたのは宿敵ラッタッツィと気脈が通じ、王ともかなり良好な関係にあるラ・マルモラだった。

（1）ヴィッラフランカの休戦。一八五九年七月十二日、北イタリアのミンチョ川東岸の町ヴィッラフランカで行なわれたオーストリア＝フランス＝サルデーニャ間の休戦呼び協定では、本文にあるとおりカヴールは蚊帳の外におかれた〔訳註〕。

歴史家たちはこの突然の戦争中断の動機について、大いに疑問を投げてきた。「アルプスからアドリア海にいたるまでのイタリアに自由を」という開戦時の目的は、未達成なのである。皇帝の決断について語る千差万別無数の議論が知られている。まず感情的な動機として戦闘にたいする恐怖がある。ソルフェリーノは死傷者併せて四万人の犠牲を払った。痛ましいその光景を見たジュネーヴ人アンリ・デュナンは、戦傷者救済のために国際赤十字の観念を抱いた。他方フランス国内事情には不安があって、皇妃は「世論は厭戦気分に染まっている」と伝えていた。リソルジメントに反感をもつワレウスキとその外交官たちは、第二帝政はトリノとイタリア国民運動の問題で手一杯だと口を酸っぱくしていい、カトリック教徒は教会諸国とローマに加えられた攻撃に憤激していた。ドイツ連邦諸国は、さまざまな相違にもかかわらず、オーストリアとの連帯感と東南諸国をかこみつつあるフランスの覇権にたいして防衛的感情が浸透した。プロイセンは威嚇的な態度に出て、フランス軍のいなくなったライン沿岸で部隊を動員した。かくして四片形防衛陣の堅陣とむかいあって秋から冬にかけてのいちばち勝負の瀬戸際に立ち、ヨーロッパ全体を敵にまわしかねないいま、フランス軍上層部は戦闘の終了を命じるのが得策と考えたのである。

Ⅱ　中央部の併合とニース、サヴォイアの譲渡（一八五九年七月〜一八六〇年四月）

1　外交の隘路

ヴィッラフランカ戦の直後、ナポレオン三世はプロンビエールで約束されたニースとサヴォイアという代償を放棄した。カヴールがこれ見よがしにレーリに閉じこもると、ナポレオン三世に対する強い恨みと忘恩を難ずる声が津波のように起こり、我に返ったマッシモ・ダゼーリョは「二〇万の兵をひきいてイタリアに行き、五億リラの金を費やし、四つの戦いに勝利し、イタリア人に最も美しい地方を取り返してやったあげく、罵声を浴びて帰ってきた！」と語った。カヴールはその水田から「国民協会」を通じてあらゆる手を打ち（場合によっては武力に訴えてでも）、ヴィッラフランカの決定を無視しようとした。ピエモンテ王国の特使たちは引き揚げざるを得なくなったが、各国の僭主たちは合併政策を追求しながら、外国の介入になるような口実をつくらないよう治安の維持につとめた。トスカーナのリカーソリ、モデナのファリーニ、パルマのマンフレディ、ボローニャのチプリアーニらはそれぞれ立憲議会を招集し、一八五九年八月から九月のあいだにピエモンテへの合併を決議させ、ファンティとガリバルディによって主宰される軍事同盟を結成した。十一月十日に開かれたチューリッヒの会議は、ヴィッラフランカの条項を採用しながら、問題の多い諸公の復位にかんする問題をうまくかわし、将来の会議に先送りしたが、以来ピエモンテは会議の参加を拒否する。反論は、諸公国やマルケ地方が統合され、ファリーニが専制体制を掌握したということと、摂政としてヴィットリオ・エマヌエレ二世の親類ウジェーヌ・ド・サヴォイア゠カリニャン公が指名されたことである（ただしこの操作は総督にボンコンパーニを指名することでカヴァーされた）。

国際情勢は徐々にこうした新たな展開に好意的になっていった。ナポレオン三世はイタリア問題の取り組みを再開し、いったん傷ついた国民感情が求めるハイレベルの成功を得たいと思った。イギリスでは六月に自由派がパーマストンとともに復帰し、外務にはラッセルがあたることとなった。彼らはイタリア半島に一つの大国が出現して、フランスの後見にたいしてより有効に対抗することを嫌ってはいなかった。フランスの積極策の再開は、十二月二十二日のセンセーショナルな冊子『教皇と国際会議』に明らかにされた。そこではピウス九世にたいしてローマ以外のすべての地で一切の世俗権を捨て、新しいイタリア新地図作製国際会議に加わって国内問題解決に貢献するよう勧告がなされていた。この大転換に接してワレウスキは辞職し、親伊派のトゥヴネルが登場し、トリノではラ・マルモラ゠ラッタッツィ内閣が解散、代わってカヴールが一八六〇年一月二十日、半年間の隠棲ののち権力の座に復帰した。

2　一八六〇年春の併合

カヴールは三月一日の立法議会開会式の演説のさい　ナポレオン三世のすでに公けに定められた代償

にたいする願望を巧みに利用した。ロマニアと諸公国の併合は、フランスの同意なしには不可能である。しかしこの併合が実現すれば、プロンビエールで定められた北イタリア王国はロンバルディアもふくめて一一〇〇万の総人口を擁することになる。中部イタリアはヴェネトを放棄する代償として、サヴォイアとニースの見返りを得ることが可能になった。カヴールはサルデーニャから派遣され、頭脳明敏なコンスタンティーノ・ニグラ(1)という腹心にたすけられ、またロンドンとパリの対立関係を微妙につきながら、中身の濃い交渉に着手した。フランスに迫って既成事実を認めさせるために、彼は第二帝政が愛用する国民投票形式を重んじながら、僭主たちを通した人民投票の手続きを行ない、三月十一、十二日の投票の結果について彼は「素晴らしい結果を得た」と書いた。すなわちエミリア(総督領、パルマ、モデナ)は、サルデーニャとの合併に賛成四二万六〇〇〇票にたいし独立王国派の反対七二六票、トスカーナは合併賛成三六万六七五一票にたいし反対一四九二五票である。この数週間のカヴール的行動様式とその側面が現在根本的に分析されているとはとうてい言い難いが、彼がイギリスの不快感をあてこんで、代償の譲渡問題をすり抜けようとしたのは確かだ。彼は、権利放棄を告発するピエモンテ右派からの非難ばかりか、国王の嫌悪とガリバルディの憤激の的となった。とくにガリバルディは彼が祖国ニースを捨てたことに怒っていた。いっぽうフランスはますます苛立ち、ピエモンテを孤立させたままロンバルディアを占拠するという脅しをちらつかせてきた。そこで応援としてタレーラン外相のもとに派遣されたベネデッティは、サヴォイアとニース(2)をフランスに戻すが、ただし住民投票を行なったうえでという条件を付けた。両地方では相変わらずピエモンテ側についているのは一部の自由派だけである。カヴールは地主のブルジョワジー、貴族階級、聖職者たちをトリノにけしかける政策を採った。これらの人びともフランスの新聞に支持されて、一八六〇年初頭から合併主義のキャンペーンを行ない、政治的に無気力な大衆に経済的繁栄のさなかにある大国フランスへつく道を選ばせようとしていた。他方北サヴォイア［現在のフランスのオート・サヴォワ県］で打ち出されたスイスへの割譲論はカヴールとイギリスに承認されたが、名士たちはこれを脅威として退け、北部の住民にはジュネーヴとの通商関係を守るための非関税地帯を認めてやることとした。四月十五日、ニースは二万五九三三票対一六〇票で、サヴォイアも一三万五三三票対二三五票でともにフランスへの合併に賛成の決定をくだした。

（1）Constantino Nigra（1828~1907）。伯爵、外交官、カヴールの信頼が厚く、プロンビエールの和睦を締結。参考文献WⅠ、八一〇頁、九一九頁〔訳註〕。
（2）一八六〇年三月二十四日、トリノ条約によってニースとサヴォイアはフランスに割譲される〔訳註〕。

3　千人隊遠征とナポリ王国の征服（一八六〇年五月から一八六一年二月まで）

とかくするまにそれまでのリソルジメント運動は、ピエモンテによる主導と、国際的な枠組み内の手探り的外交活動を旨とするするカヴール方式が目立ったが、この傾向は一連の劇的事件ののち突然変異と危機を経験して幕を閉じ、運動はサヴォイア王朝の勝利とともに新段階を迎えることとなった。この局面もまた複雑をきわめ、議論が百出するところであり、とくにカヴールとガリバルディという二人の南部併合論者の果たした役割について、歴史家たちのあいだで解釈が複雑多岐にわたっているのである。

A　遠征の準備。クリスピ、ガリバルディ、行動党

ナポリ攻略はあと一歩のところで統一運動に民主的革命的方向付けをあたえるところであったが、これは「行動党」という新たな勢力の働きである。マッツィーニは当時圏外にいたが、こうした方向は彼の思想から派生した流れであり、彼の弟子たちだけで実行された仕事であった。たとえ彼らの合い言葉が「イタリアとヴィットリオ・エマヌエレ」であったとしても、彼らが守っているのはマッツィーニ主義の「統一の悲願」であり（カヴールは遅ればせながらこの願いを共有するようになった）、同時にそれが「リソルジメント」を外国の後見から解放し、国民がつくりだした独自性を回復しようとする精神であった。力の作用点となったのはナポリのブルボン王朝である。というのも彼らの主要な指導者はシチリア人であり、またこのシチリアという大きな島は革命運動がつねに大衆のなかに広範な反響を見出すような土地だったからである。おそらくそこでは力を発揮すべき機が熟していたのであろう。経済的にかなりの潜在能力と、優れた立法形式をもちながら、両シチリア国家は魂なき肉体であり「腐敗した組織」（オモデオ）になっていた。強引な絶対主義体制のもとにこの国をしばりつけていた精力的で巧妙なフェルディナンド二世が、一八五九年六月二十二日に没すると、後を継いだのは臆病で優柔不断なフランチェスコ二世であった。

シチリア遠征隊の考えは、すでにラッタッツィやカヴールも抱いたことはあるがあまりに冒険的だとされた。そのアイデアが、シチリア人の亡命者でのち三国同盟時代の首相をつとめるフランチェスコ・クリスピ(1)（一八一九〜一九〇一年）、その友人ベルターニ、ファブリッツィによって精力的に見直されたのだ。

クリスピは、同郷人でカヴールの右腕としてピエモンテに忠誠を誓ったラ・ファリーナと激しく対立していた。ビクシオに助けられたクリスピは、一八六〇年春、ガリバルディに遠征隊の指揮を執るよう説得して成功した。実際ガリバルディこそは秀でた軍事的能力と高い名声によって、このような企てを成功裏に導きうる唯一の人物であった。ジュゼッペ・ガリバルディ（一八〇七〜八二年）はリソルジメント運動において最も代表的なそして最も人気の高い英雄に数えられる。ニースに生まれた彼は（彼は生涯この都市に愛着を抱きつづけた）、平凡な船乗りの家で育ち、若いときから商船に乗って暮らした。長期航海士の資格をとったものの、彼の教養はつねに基礎的なものに限られていた。不屈の体力と精神力を備えた彼は、直情径行型の人間なのだ。一八四八年までの経歴はあまり知られていないが、ブラジルのリオ・グランデやウルグアイの政府に仕えた彼がたどった人生は、波乱の連続であったろう。一八四八年の戦いとローマ防衛戦の後、ガリバルディは亡命生活に逆戻りをし、ニューヨークの蠟燭工場で働いたり(2)極東、大西洋、ペルーで船員になって生きぬいた。一八五四年ピエモンテにもどった彼は、サルデーニャ東南の岩だらけのカプレラ島を買い、そこに住みついた。アルプス狩猟隊とともに闘った一八五九年の戦い以後、彼は中部イタリア軍司令部からの呼ばれたが、ニースをフランスに譲った後のカヴールにたいして憎しみを募らせる。イタリア統一は彼の基本的テーマであり、「我が生涯の神聖な目的であり宗教」なのだ。そこにさらに情緒的で修辞学的な「社会主義」が加わって、彼は本能的に人民主義と強烈な反教会主義へと進んだ。くっきりとした顔立ちとガウチョのようなポンチョや赤シャツという出で立ち、イタリア政治の古典的伝統を代表するような傭兵的オーラ……そうした特徴でガリバルディは大衆を魅了した。軍事的構想や長期の政治的展望には不向きであったが、確実で迅速な洞察力、冷静さと勇気をもった彼は、危機的瞬間にどのような決断を強行すべきかを知っていた。自由主義的ヨーロッパの観点から見れば、ガリバルディはリソルジメントの正統にして忠実な英雄を体現しており、マキャヴェリ的に屈折しているカヴールの対極にあったろう。彼をべた褒めしている作家の一人アレクサンドル・デュマの伝説にいち早く輝いたその人気は、何よりもアングロ・サクソンの世界において大きく広がった。

（1） フランチェスコ・クリスピ（Francesco Crispi, 1819~1901）。政治家、イタリア王国首相を二期務める（一八八七～九一年、一八九三～九六年）。文中の三国同盟とは、フランスの植民地政策がチュニジアに及んだとき、これに対抗してイタリアがドイツ＝オーストリアと結んだ同盟（一八八二～一九一四年）〔訳註〕。

（2） 参考文献GⅠ、二三一頁〔訳註〕。

B　千人隊

シチリア遠征の準備は、トリノの政府とくに計画に熱心なピエモンテ王との半ば馴れ合いをつうじて実行された。ここでカヴールの立場はきわめて煮え切らないで、態度は曖昧になった[1]。この企てに公然と反対するわけにはいかないものの、外交的観点からの非難に彼は悩まされていた。ミラノを統治するマッシモ・ダゼーリョは、大規模な国民的寄付をもとに購入した新式の銃をガリバルディにわたすことを拒否した。ラ・ファリーナがもたらしたのは、国民協会の錆び付いた一五〇〇丁の銃であった。五月二日、カヴールはついに遠征に同意した。あらかじめ決められたシナリオ通り、五日から六日にかけての夜、武装による拿捕を装ってルバッティーノ船会社から「ピエモンテ号」と「ロンバルド号」の蒸気船二隻を確保し、赤シャツを着た二〇〇〇人の志願兵がジェノヴァに近いクァルト港で錨をあげた。乗組員はみな知識人か都会人で、なかにはハンガリア人チュールのように外国の親伊派もいたが、食糧と弾薬は載せていない。そこでトスカーナ海岸のタラモーネに寄港して調達し、「イタリアとヴィットリオ・エマヌエレ」の合い言葉を認めないために離脱した教皇諸国の襲撃に備えた。五月十一日、ブルボンの海軍による遮断を避けるため、マルサラ〔シチリア島メッシーナ地方の都市〕に上陸はしたが、現地の人びとにはかなり冷たくあしらわれた。とはいえ決起隊は膨らみ、十四日、奇妙な混乱のなかでガリバルディは独裁権を得た。翌十五日、一行はカラタフィーミの峠で初めてのナポリ軍に打ち勝ち、ついで別の二隊は巧みにかわし、二十七日には激戦の末、すでに住民が反乱を起こしているパレルモを占領した。この首都ではクリスピに促されて臨時政府が置かれ、農民との妥協をはかるために混合麦にかかる悪税を廃したため、公的財政に多大の欠損が生じた。

（1）カヴールはリカーソリに宛てて、次のように書き送っている。「ガリバルディは、手荒に制止すれば、イタリア国内で危険な存在になるかもしれない。……彼を大っぴらに支援することは不可能だし、……われわれが従うべきこの方策はあいまいなものだから、不都合があることは重々承知している。しかしながら、これ以上深刻で危険な問題を引き起こさない別の手段を私は提示できないのだ」。参考文献WI、八五七頁〔訳註〕。

カヴールはガリバルディの過分な勝利を逐一追いながら、不安を募らせていた。ナポレオン三世は、ナポリ王から調停の要請を受けて、一八六〇年一月一日、フランチェスコ二世の特使デ・マルティーノとフォンテヌブローで会見し、憲法制定とピエモンテへの併合に同意するよう勧告したが、これはカヴールが承知しなかった。他方トリノのピエモンテ政府はガリバルディの進出にブレーキをかけるため、シチリアにラ・ファリーナを特使として飛ばし、独裁者となったガリバルディの取り巻きで穏健派であるメディチとコセンツと協力して、シチリアの即時併合と増援隊の委任手続きに入らせようとした。援軍のおかげでガリバルディはミラッツォの勝者となり、シチリア全島を制圧した。そこで彼はカヴール的政策の助っ人役から抜け出そうとして、ラ・ファリーナを追放し、ナポリ王国と首都ローマを抑えるまで、戦いを終了しないと宣言した。(1) プロイセンとロシアの保守主義的警告を無視し、逆にピエモンテ王に励まされ（ヴィットリオ・エマヌエレ二世は親書で、メッシーナ海峡を越えてはならないと言う公式の命令を取り消した）(2)、ガリバルディが大陸に入ったのは八月二十日のことであった。フランチェスコ二世は、大臣リボリオ・ロマーノのあやふやな影響のもとで自由主義的譲歩を行なったが、時すでに遅かった。カヴールのほうは、傭兵（とはガリバルディ）の到着前にナポリを蜂起させようとしたが、これも失敗した。意気揚々たる行進とともにガリバルディは革命を起こした都市を抜け、歓喜する農村を通過してナポリの門にやってきた。九月七日、リボリオ・ロマーノはナポリ王にガエータに身を引くよう勧め、自身は首都の門を開き独裁者を招き入れた。

（1）ラ・ファリーナの工作の失敗にかんして、ウルフは次のように述べている。「ラ・ファリーナは、カヴールの代理として現地に派遣された（六月初旬）。しかしこの人選は最悪であった。ラ・ファリーナは、シチリアの穏和派に対し、彼らの統一イタリア実現に向けての運動を盛り上げることに成功したとはいえるだろう。しかし気の利かない彼は、即時併合のプロパガンダを現地であからさまに展開した。このため、クリスピの彼に対する憎悪の念が再燃し、戦争の継続を決定したガリバルディと衝突するはめに陥ったのである」。参考文献WI、五三八頁、五三九頁〔訳註〕。

（2）ヴィットリオ・エマヌエレ二世の秘密主義についてスミスは言う。「……ガリバルディは一八五九年以来王によって、志願兵というものは秘密の支援と公的サイドからあびせられる非難に順応しなければならない、とたびたび告げられてきた。……ガリバルディはシチリア東部カターニャを抑え、急いでいるようには思えなかった。彼は部下たちに『私の後ろには王がついている』といって、書類らしいものを見せた。人びとは彼を信じた。……ヴィットリオ・エマヌエレ二世がガリバルディのローマ上洛を望んだとは言い難かったろうし、実際それまで彼はそうした企てに個人的に反対する書信を書いてきた。だが、それは記録上のことにすぎなかった。彼が教皇諸国にみずから介入する口実を探していたことは間違いがなかった。彼はイタリアの革命的熱気が抑え難くなったことをナポレオン三世にしめし、自分が密かに応援していた革命を阻止するために、ローマに王軍が入ればよいと願っていた」。参考文献SV、二八八頁、二八九頁〔訳註〕

カヴールは迫り来るガリバルディに自分が取り押さえられ、イタリア全土が民主化の波に呑み込まれるのを防ぐため、行動に踏み切った。八月二十一日、彼の特使ファリーニとチャルディーニらはシャンベリーでナポレオン三世から「やるなら、早くやれ」という条件付きで行動開始の承認を得た。つまり教皇諸国を通過させた軍で、ガリバルディのローマへの進撃を阻み、革命の息の根を止めようというわけである。(1) 統一革命以来、ローマとトリノの関係は緊張度がきわめて高くなっていた。教皇はヴィットリオ・エマヌエレとその政府要人を破門し、武力を増強し、フランス人ラモルシエール将軍に指揮される外人志願兵の部隊を集めてきた。そして国境付近の混乱を助長しつつ秩序回復という介入の口実を見つけてきたピウス九世は、外人部隊を解散させるよう求められた。九月十一日、サルデーニャ軍が教皇の領地に入り、同月十八日、カステルフィダルド〔一八六〇年九月十八日、マルケ地方の小邑カステルフィダルドで統一を目指すピエモンテ軍と、教皇軍が対決した〕でラモルシエール隊を退散させ、ついでペルージャ、アンコナを抑えた。イギリスは独裁者ガリバルディにたいして好意的だったが、マッツィーニ派を初めとする過激派の傾向をもつガリバルディは、カヴールと手を切らざるを得なくなった。親独裁者派だったアゴスティーノ・デプレティス(2)は、サルデーニャへの合併に傾いたためモルディーニにとって代わられた。十月一日から二日のあいだにヴォルトゥルノ(3)の戦線でガリバルディは、ナポリ軍の最後の攻撃を血みどろの激戦ののち撃破した。しかしヴィットリオ・エマヌエレ二世がナポリに向かって進んできた。ガエータとカプアがローマへの進軍を阻む。やむなく彼は、トリノの正規の政府に屈した。十月二十六日、ガリバルディはテアーノ〔ナポリ北西〕で君主と会い、イタリア王としての彼に敬意を表した。二十一日になって大規模な国民審査が行なわれた。審査といっても慎重な市民的討議というより、感情的な文盲の国民による態度の表明である。結果は大陸では併合について賛成が一三一万票対一万票、シチリアでは賛成四三万票対六〇〇票で併合が批准された。十一月四日と五日にはウンブリアとマルケで、併合問題が問われ、それぞれ九万七〇〇〇票対三八〇票、一三万三〇〇〇票対一二〇〇票で批准された。一八六一年二月十三日、長い攻囲戦ののちガエータが落ち、ナポリ王朝の最終的な崩壊が決まった。イギリスは既定事実を承認し、ヨーロッパ全体がそれに従った。しかし千人隊の解散は難しかった。人びとは中部イタリアの国王代理官の職をガリバルディに認めることを拒んだ。また彼の臨時政府がとった大半の措置も無効とされた。恨み骨髄の思いで、かれはカプレラ島へ帰っていった。

（1）ロメーオはいう。「そしてこの部分にイタリアとフランスの基本的な意見の相違点が存在する。〔シャンベリーの〕会見後の数週間、ナポレオンは数回にわたって次のように事情を明らかにしている。つまりローマに対するガリバルディの脅威が具体的なものになったときに限って、サルデーニャ軍がマルケとウンブリアに侵入するとファリーニが保証したというのである。そしてこの主張にはある程度の信憑性も認められる。……」参考文献RC、四四二頁〔訳註〕。

（2）アゴスティーノ・デプレティス（Agostino Depretis, 1813～1887）。弁護士、政治家。統一運動家。当初マッツィーニ派としてトリノ議会に選出されるが、次第にカヴール派に接近、ガリバルディの「千人隊」遠征に加わりシチリア独裁執政官に任命されるがかれと意見が合わなかった。統一後は義務教育など内政の改革に努めると同時に外交面では反フランス的立場を守る〔訳註〕。

(3) 一八六〇年十月、ガリバルディ軍二万四〇〇〇とブルボン軍がヴォルトゥルノ河口で数度にわたって交えた会戦。これによってガリバルディ軍はブルボン政府軍五万を撃退したが、決定的打撃をあたえるまでにはいたらなかった。参考文献WⅠ、八四四頁〔訳註〕。

C イタリア王国の成立と晩年のカヴール

一八六一年二月十八日、サヴォイア王朝統治下の全地域から選出された議員が最初の議会に招集された。二月二十八日と三月十四日、両院はヴィットリオ・エマヌエレ二世を「神の恩寵と国民の意思にもとづくイタリア王」(1)であることを宣言した(ただし元サルデーニャ家の称号ものこすとされた)。三月二十七日、カヴールは、ローマをイタリアの首都とする請願の問題を審議日程に入れることを議会に承認させた。(2)保守的なフランスの世論の沈黙にもかかわらず、オッタヴィオ・ヴィメルカーティ伯爵(一八一五～七九年)のチュイルリーにたいする働きかけが成功して、一八六一年五月二十日、新王国はイギリスによって支持され、外交的に承認された。

(1) 憲法前文の引用である。「神の恩寵により、サルデーニャ、キプロス、イエルサレム等の王である朕カルロ・アルベルトは、わが最愛の臣民たちに対して本年二月八日の証書によって予告していた通りの約束を、本日、国王としての忠誠と父親らしい愛情をもって果たすものである……」(正式には「サルデーニャ王国憲章」)参考文献KⅠ、二九三頁〔訳註〕。

(2) ローマ問題は統一運動において最も厄介な問題となっていた。ローマのフランス軍部隊がイタリア軍部隊に置き換えられても、むしろそれゆえに問題は一層複雑化した。参考文献RC、四八三頁～四八六頁〔訳註〕。

カヴールの最後の数か月は統一された諸国の行政的融合の実施という途方もない作業と、教皇との外交的紛争の解決努力に忙殺された。彼はステッラルディ神父をつうじて、ピウス九世にロマニアと総督領を失うことへの物質的代償を提案したが、うまくいかなかった。一八六〇年十一月、国事秘書で枢機卿のアントネッリの敵意を無視して、カヴールは自由主義派のイエズス会士P・パッサリア、ディオメデ・パンタレオーニらと「自由な国家のなかの自由な教会」という原則にもとづいて取引を行なった。彼にとってその交渉派こそが根本的な関心事であったが、そのさなか慢性のマラリアの発作と過労のために、数日間でカヴールは世を去った[1]。

（1）カヴールの臨終は友人ミケランジェロ・カステッリによって活写されている。彼の最後の言葉は「イタリアはできあがった――すべてが救われた」であった。参考文献RC、四九五頁〔訳註〕。

第五章　苦難に満ちた統一の完成（一八六一〜一八七〇年）

Ⅰ　新興国イタリア王国の問題

1　政治的不安と行政の困難

カヴールの早すぎる死はイタリア国家にとって大きな災厄であった。彼の死によって国民は、危機的な瞬間に天才的水先案内人を失ったのである。彼の外交経験と国際的名声は、何ものにもかえがたいものであった。列強諸国のあいだの折り合いをつけ、同時に国内の軋轢を鎮めることできるのは、おそらく彼しかいなかったであろう。以後リソルジメントの流れは、一八六〇年ほどの壮大な発展を経験することは決してなかった。一八五二年以降の政府に刻まれたあの巧妙で確固とした足跡につづいたのは、個人間の抗争と政治的振動であり、カヴールの手綱から放たれて有頂天になったヴィットリオ・エマヌエレ二世の執政のなかで、不安と無定見がますます深刻化していった。カヴールの後継者たちは無能ではなかったが、政治家としての器量に欠けていた。彼らが大宰相の構想の実行者になるにせよ、新しいタイプの人間になるにせよ、その出身地の地域主義は払拭されていなかった。彼らはみな歴史的右派、すなわち一八七六年までつづく「政略結婚」の延長線上にあった。こうした二流の指導者たちはさまざまな伝統や、メンタリティや制度を一体化する手腕をもっていない。実際すでにみたとおり、カヴール自身イタリア統一のヴィジョンを抱いたのは、ようやく一八五九年、いやシチリア遠征の一八六〇年からである。相次ぐ併合にサルデーニャ王国は面食らいながらも、統一の政策とか原理についてあまり深くは考えていなかった。ピエモンテ政府は揚げ足取りに忙しく動いたが視野は狭く、優越感に浸っていて併合された土地を属国として見なし、法的に対等な立場にあるパートナーとは考えなかった。逆に「ピエモンテ化」にたいする強い不満が聞こえるようになり、こうした文化のぶつかり合いから、こんにちのイタリアをわかつ南部の問題が生まれたのである。

元ナポリ王国ではかつてのブルボンの支配階級の怨嗟と幻滅が、重税と徴兵制にたいする大衆の不満に乗じた。このような無言の対立は亡命したフランチェスコ二世によって操られ、そのゲリラ戦は聖職者ばかりでなく住民の多くの支持を得た。その結果メッツォジョルノすなわち南イタリアは荒廃し、一八六五年までに一二万の兵士（正規軍の半分）が派遣された。山賊行為は厳しく取り締まられたが、この問題にかんする公式の歴史記述は体裁上ヴェールで覆われている。焼き打ちにあった村落、安易な処刑、特別裁判等が二つのイタリアのあいだに深い溝をつくった。一八六三年以降ざっと一〇〇〇人以上の叛徒が略式で処刑され、二四一三人が戦死、二七六八人が捕虜となった。治安部隊のほうは病気と戦闘で、リソルジメント中のすべての戦死者よりも多い命が失われた。

反ピエモンテ戦は、陸ではナポリ地域で組織化された「カモッラ団」[1]や、より大規模なシチリアの「マフィア」が、テロが蔓延して重苦しい雰囲気につつまれた農村部の大衆を脅かし、搾取した。

（1）ブルボン家支配下に生まれた犯罪秘密組織。カンパニア州、とくにナポリを拠点とする都市型の暴力・犯罪組織に発展し、広義ではイタリア・マフィアに含まれ、シチリアのコーサ・ノストラに相当する〔訳註〕。

2 経済の停滞

イタリア王国成立にともなう政治的社会的激変は、結果としてきわめて重大な経済不況をもたらし、それが恒常的な背景となって若い国家の進歩をとめた。設備費はふくらみ、財政収入は落ち込む。カヴールのピエモンテは繁栄し、北イタリアの社会構造が西欧化されていくのにたいし、付随する南部イタリアは開発が遅れてお荷物と化し、当然ながら非効率的で、ときには効果がゼロの投資しか行なわれない。慢性的な赤字は、一八六二年には四億四六〇〇万リラ、一八六六年には七億二一〇〇万リラに達した。銀が不足して入手しにくく、手形割引率は最高九〜一二パーセントにとどまり、公債の実質金利は一八六二年で七パーセント、一八六七年で九・三八パーセントになった。多くのフランス資本が引き揚げられるにもかかわらず、王国は依然として、鉄道を初めとする大規模事業を支配する外国資本に従属していた。地域的主導性は弱く消極的で、利益は限定されていた。一八六六年、破産を回避するため政府は金兌換制度を廃止した。

インフレと国際市場におけるリラ相場の安さは、輸出を若干刺激したが、他方設備機材の輸入にブレ

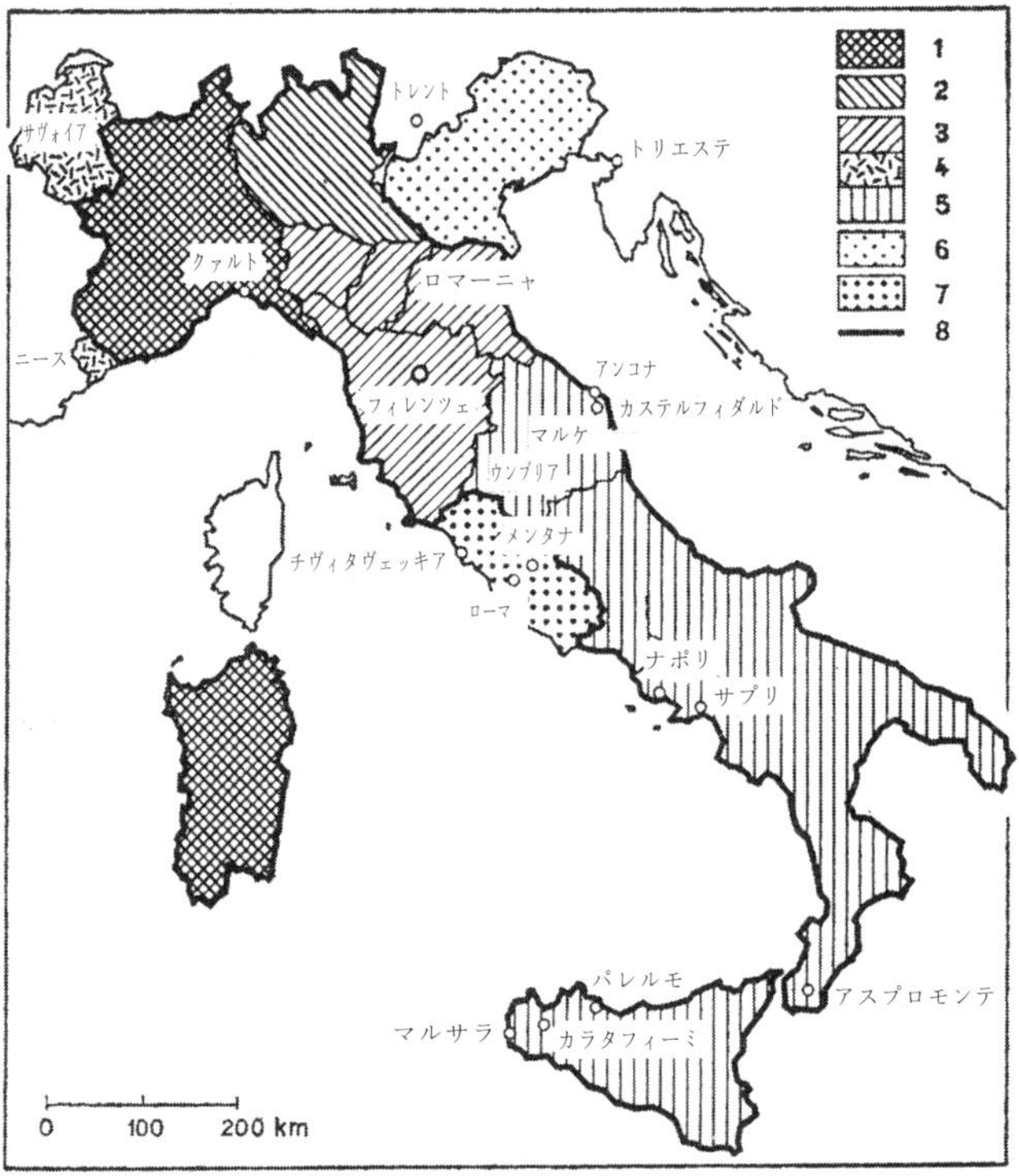

図4　統一の歩み（1859 〜 1870 年）

1.合併前，サルデーニャ王国　2．１８５９年，ロンバルディア王国

3．１８６０年春　公国とロマニア 4.サヴォイアとニースのフランスへの譲渡

5.秋　ナポリ王国、ウンブリアとマルケ　6．１８６６年　ヴェネト

7.１８７０年　ローマ　8．１８６1年〜１８７０年　イタリア王国国境

ーキをかけたため貿易収支は不均衡となり、赤字は一八六四年には四億一一〇〇万リラとなり、その後一八七〇年まで一億四〇〇〇万リラと一億一〇〇〇万リラのあいだにとどまった。経済上のリソルジメントは相変わらずの絵空事で、技術的に遅れている農業生産は、重い地租のためつねに「不振から脱出できない」（G・ルッツァット）[1]状態にあった。一八六七年、教会財産の整理が農村の不安を大きくした。というのもこの整理は土地購入における流動性を固定化したため開発上の欠陥が生まれ、大土地所有権を永続化させてしまったからだ。山間地や島嶼では農業生産物の価格の高騰が、穀物畑をもとめた森林伐採を誘発し、軟弱な土地の流出や浸食、土壌の劣化を加速した。北イタリアでは工業とくに絹と木綿が厳しい不況を経験した。国内関税の廃止によって、保護主義のおかげで地元の市場だけを相手にしていた小工場が、破産に追い込まれた。緩慢な回復が現われるのはようやく一八九〇年代に入ってからで、この頃になると大企業の成立が見られる。労働者の生活条件は不安定で、給料にはパンの価格をつり上げる粉ひき税などの重税が課せられた。南部やポー川下流域の平野部では山賊行為や農民の反乱が起こり（一八六八〜六九年）、不景気が停滞していることを裏付けている。人口増加が進み、一八七二年の総人口は二六八〇万一〇〇〇人に達し、食糧不足にたいするネガティヴな対策として、西欧諸国や新大陸へ大量の移民が始まった。

（1）G・ルッツァット（Gino Luzzatto,1878 ~ 1964）。イタリア経済史家〔訳註〕。

統一運動は、経済と一般市民からの推進力を欠いた少数の教養人の事業だったので、公的生活を独占する狭い法治国家の属性をのこしつづけた。一八五九年のカサーティ法は小学校の義務教育化を予定したが、資材の不足からほとんど死文化してしまった。一八六一年、二二〇〇万の王国住民のうち、選挙人は全人口の二パーセントの九〇万人[1]を数えたが、無知と無関心から投票した者は三〇万人しかいなかった。

(1) 二パーセントで九〇万人という数字で逆算すると人口は四五〇〇万人となる。これにたいし、一八六一年の総人口にたいする有権者数の割合を一・九パーセント(四一万八六九六人)とする統計がある。参考文献KⅠ、七九頁〔訳註〕。

Ⅱ ローマ問題(一八六一~一八六六年)

1 リカーソリ

カヴールの重責は、元中道派の指導者でトスカーナ出身のリカーソリに託された。ジャンセニスト的な厳しさをもった大貴族で、硬直した権威主義者ゆえ「鉄人男爵」と異名をもつリカーソリは、反ピエモンテ的統治を行なった。チャルディーニが南部の山賊行為を精力的に抑えるいっぽう、リカーソリは公債を統一化し、鉄道網を接合させることによって国家建設に着手した。彼の内閣(一八六一年六月十二日~一八六二年三月二日)は、行政改革に取り組んだ。地域主義の遠心力を恐れた彼は、大幅な地方自治を予定していたミンゲッティ[1]の案をしりぞけ、フランスをモデルとした中央集権主義を採用した。王国は州に分割され、各州は知事が配置されて郡（チルコンダーリ）に、さらに各郡は小郡（マンダメンティ）に分割された。しかしリカーソリの強権政治は議会を疎んじたため、失墜を招いた。

（1）ミンゲッティ（Marco Minghetti, 1818~1886）。政治家、改革派とピウス九世を教皇にいただくローマ教会との融和をはかる。国民協会のボローニャ支部の活動に尽力。一八七三年と七六年の二回首相に任じられる〔訳註〕。

2　ラッタッツィとアスプロモンテの悲劇（一八六二年十二月十日）

ウルバーノ・ラッタッツィは国王の友人でパリのチュイルリーの受けもよく、ピエモンテ派を主流とする内閣をつくった。うぬぼれ屋で口八丁の彼は事なかれ主義から抜け出し、きわどい発想でカヴールの偉大な伝統を復活させようとした。彼は主君の同意を得たうえでガリバルディを新たな企てに駆り立てたが、成功すれば彼を庇護するが、失敗すれば濡れ衣を彼に着せる腹だった。ガリバルディはヴェネトとトリエントを攻撃する目的で志願兵を集め（オーストリアが抗議をしたので、ラッタッツィはこの攻撃を停止せざるを得なかった）、一八六二年六月シチリアで下船した。当局は馴れ合いで見て見ぬふりをし、「ローマか死を！」と叫ぶ三〇〇〇の赤シャツ隊員とともに彼がカラブリア半島にわたるのを許した。ナポレオン三世は、カトリック教徒の激しい非難に屈し、猛然たる勢いでイタリア政府にたいしてガリバルディを逮捕せよと通告した。八月二十九日、海峡を見下ろすアスプロモンテの禿げ山でチャルディーニは、ガリバルディと対決した。正規軍との最初の戦いで、元千人隊長は踝を負傷し、同国人同士との戦いを避けるため、隊員は反撃することを禁じられて降伏した。[1] 隊長は捕虜となり、

部下と同様卑しめられ、ついで恩赦で解放された。ラッタッツィはアスプロモンテ事件が命取りとなり、十二月辞職した。(2)

(1) ローマ問題についてイタリア政府が消極的姿勢をとりつづけていた一八六二年、ガリバルディは三〇〇〇人の部隊を率いてローマに攻撃をかけようとした。ラッタッツィはこれを抑えるためチャルディーニを派遣し、同年八月、ガンバリーに近いアスプロモンテの山地で衝突が起こった。ガリバルディは負傷し、味方とともに捕らえられた〔訳註〕。

(2) ガリバルディを利用したヴィットリオ＝エマヌエレ二世とラッタッツィの二面外交は、これを警戒した英仏両国から非難され、ラッタッツィは一種のスケープゴートとして辞職に追い込まれた。フランスの新聞王ジラルダンは、「彼は味方の軍隊に発泡するあいだだけの首相だった」と諷した。参考文献ＳＶ、二九頁ならびに Paix et liberté : questions de l'année 1863 / Émile de Girardin , p.10 ; source Bibliotèque nationale de France 〔訳註〕。

3　ミンゲッティと九月の会議（一八六二年十月十日～一八六四年九月二十三日）

非ピエモンテ派が政治にもどったが、首班のエミリア人ルイジ・カルロ・ファリーニは精神障害を起こして一八六四年三月二十四日辞職し、(1) 政権の座を同郷人のマルコ・ミンゲッティ（一八一八～八六年）に譲った。豊かな教養と財政手腕をあわせもったミンゲッティは、国内の山賊行為にたいする戦いと赤字解消の努力をつづけた。彼の主たる関心はフランスとのあいだにおこっているローマ問題の解決をはかるため、カヴールの死によって中断されている裏取引を再開することだった。一八六二年以来増えつづける国内の反対の矢面に立たされ、不毛なメキシコ事件に足をとられたナポレオン三世は、イタリアにおける絶望的な状況にウンザリすると同時に苛立っていた。一八六四年九月十五日、永遠の都市ローマから軍を撤退させる協定がパリで結ばれた。とはいえここで結ばれた裏取引には、両当事国にとって重大な曖昧さと言い抜けがあった。教皇側やカトリック教徒からの抗議にもかかわらず、皇帝は二年以内に部隊を引き揚げ、イタリア王国の問題介入を控えることがきまった。他方イタリア政府は教皇領を尊重し、場合によってはその一体性を擁護しなければならないとされた。だがミンゲッティの腹づもりは、首都ローマの放棄は全面的なものではなく、フランスの桎梏からローマを解放し、自国の自由にするということであった。協定の実施は、国王や閣僚の埒外で決められた秘密の条項、すなわち「イタリア王国は半年以内に遷都しなければならない」とされている文言に従属していた。これにたいしピウス九世が『謬節表』の発表と自由主義の非難によって教条的立場を硬化させるいっぽう、九月二十一日と二十二日のトリノにおける遷都の宣言は街頭に激しい暴動を引き起こし、抑え難いものとなった。ミンゲッティはヴィットリオ・エマヌエレ二世に電報で召還され、罷免されたうえに、不満の波にのまれて追い払われた。跡を継いだのはピエモンテの名家出身のラ・マルモラ将軍で、彼は秩序を回復し、政府機関をフィレンツェに移動させるために働いた。

（1）一八六二年から六三年春にかけて、首相ルイジ・カルロ・ファリーニ（Luigi Carlo Farini, 1812~1863）は深刻な精神障害を起こしていたが、公債発行に関して交渉中の政府は財界に知られないようこの事実を隠蔽していた。三月二十四日、ポーランドの反乱を抑えようとするロシアに対し開戦を宣言しない国王にナイフをふるい、彼は辞職に追い込まれ、三年後に亡くなった〔訳註〕。

III　ヴェネツィアの併合（一八六六年）

1　一八六六年の戦い

「ドイツ統一」はもう一つのヨーロッパの大きな問題であり、その状況とフランスの調停とはあいまってリソルジメント運動のローマ要求に一定の軌道修正をもたらし、その結果、ヴェネト地方併合問題も新たな段階を超えなければならなくなった。一八六二年ビスマルクは権力を握り、諸公国と戦闘を開始し、ゲルマン同盟から排除したいオーストリアとの戦いの道を探っていた。宰相は外交活動の準備として、ロシアとは良好な関係を保ちながら、他方でイタリアへの接近を（彼はこの若い王国にもまたその政治家たちにも反感を抱いていたにもかかわらず）考えていた。一八六五年十月十一日、ビスマルクはナポレオン三世とビアリッツで会見し、フランスがドイツの構想に対抗しないという約束を得た。皇帝はイタリアにたいしてある種の後ろめたさを感じており、援助の手をさしのべたいという願望をのこしていたので、ベルリンとフィレンツェのあいだの同盟を仄めかした。早速その準備のためにゴヴォーネ将軍が特使としてプロイセンに派遣された。しかし交渉は、両国の逡巡もあって骨が折れた。協定は四月八日に調印されたが、これにさきだって二月に関税同盟に沿った通商協定が結ばれた。協定はプロイセン側に立ったイタリアが、三か月以内にオーストリアにたいし開戦することを（片務的に）決めていた。そこでウィーン政府は、ヴェネト地方をイタリアの中立性の代償として譲渡すると申し出た。協定に忠実であろうとしたラ・マルモラは申し出を蹴って、結局六月十六日、普墺戦争が勃発し、これをうけて二十日、イタリアは戦闘状態に入った。参謀本部司令官の地位に就いていたラ・マルモラは、リカーソリにとって代わられた。プロイセンの忠告を聞こうとしなかったため、作戦は準備不足であった。国王とラ・マルモラとチャルディーニの三人が指導権を求め、作戦は不安と混乱のなかで実施された。イタリア軍二四万ははラ・マルモラとチャルディーニの指揮のもとに二手に分かれた。四片形防衛陣を守るカール大公のオーストリア軍一四万にたいし、兵力の上では優勢である。しかし旧諸国出身者で混成されたイタリア隊は統率がよくとれていなくて、真の国民的高揚を欠いていた。事情に疎いラ・マルモラは、チャルディーニと対峙している敵軍に攻撃をかけたが、六月二十四日前衛隊がオーストリア軍にクストーザまで押し返され、さらにミンチョまで撤退しなければならなかった。主力部隊は無傷であったにもかかわらず、司令部はこの会戦を敗北と見なし、防衛体制をとりつづけた。七月三日、プロイセン軍はサドワで敵に壊滅的打撃をあたえた。オーストリアはフランスを介して改めてヴェネト提供を申し出た。しかしこの申し出は、イタリアの政府からも世論からもはねつけられた。人びとはクストーザの汚名〔一八四八年の敗北〕を晴らすような勝利を望んでいたのである。ガリバルディとメディチは志願兵を率いてトレンティーノを攻撃し、ペルサーノ提督の艦隊はトリエステを奪取しようと試みた。だが艦隊は、敵艦より近代的であったにもかかわらず指揮官が優柔不断であったため、タゲトホッフ提督に翻弄された。七月二十日、イタリア軍はリッサ島沖で二隻が攻撃されて沈没、多大の損害を受けたのち戦闘中断を余儀なくされた。すでに七月十二日ニコルスブルクで、イタリア抜きつまりオーストリアとプロイセンのあいだだけで和平の予備会談が行なわれ、そのままそれが、八月二十三日のプラハ和平条約締結の運びとなった。リカーソリはパルチザンとなって単独で対オーストリア戦を続行しようとした。しかしこの企てはきわめて冒険的で、フランスの強い要請もあり、諦めて交渉に入った。ガリバルディもトレンティーノに呼び戻され、十月十二日、コルモンで休戦条約が結ばれ、それが十一月三日のウィーン平和条約となった。戦後処理に華々しさはなく、イタリアにとっては屈辱的終戦となった。一八五九年のロンバルディアがそうであったように、イタリアはフランスの手からヴェネトを受け取った。だが十月二十一日と二十二日に行なわれた形だけの国民審査により六四万七二四六票対六九票でヴェネト合併が批准されたにもかかわらず、国境調査のためフランスから派遣された総弁務官ルブッフは冷ややかに迎えられた。プロイセンの赫々たる勝利と残酷なまでに対照的な結果に、イタリアは激しい絶望感に包まれた。とげとげしい世論はパレルモの血なまぐさい暴動となって現われるいっぽう、マッツィーニは王国に痛烈な非難をあびせた。見苦しい公けの論争が原因で、軍の指導者同士が対立して不幸な結果の責任を転嫁しあったり、また国王の威光を危うくするような芝居が流行った。一八六六年と一八五九年を比較すれば、自国の資力で動く国家の脆弱さは、誰の目にも明らかだった。

（1）一八六六年七月二十六日に結ばれた普墺戦争の仮講和条約が結ばれた地。普墺戦争（一八六六年勃発）が始まってまもない七月初旬、プロイセン軍はケーニヒグレーツ（チェコ語ではフラデツ・

クラロヴェ）でオーストリア＝ザクセン連合軍を撃破した。こうして、戦争開始まもなくオーストリアの敗色が濃厚となる中で、フランスのナポレオン三世が早期の休戦交渉を提案した。プロイセン国内ではウィーン占領を主張する意見もあったが、ビスマルクはこの休戦提案を受け入れたため、チェコ南部のミクロフ（ドイツ語ではニコルスブルク）において休戦交渉が行なわれ、仮講和条約が成立した。既にこの条約において、一か月後の正式な講和条約（プラハ条約）で示されているような諸合意の多くが示されていた〔訳註〕。

2　メンタナの失敗（一八六七年）

国民的な挫折感に押されて、ガリバルディはまたしても冒険を企てた。すでに一八六四年九月の「協定」にしたがってフランス軍はローマから撤退しており、また国家資産の確保を目的とした教会財産の国有化法（一八六七年）が原因で、フィレンツェと教皇庁の関係はきわめて悪くなっていた。カトリック教会に見返りのない完全な自由を認めようという案をだしたリカーソリは失敗し、一八六七年三月の選挙で敗れ、四月十日に辞職した。後継者ラッタッツィは、一八六二年の自分の政策を繰返そうとした。そこでガリバルディは、政府黙認のもとで志願兵を教皇領との国境付近において集めた。首相ラッタッツィはローマに揺さぶりをかけようと思った。その結果「九月協定」の枠内でローマに軍が入り込み、防衛上駐留するという口実が生まれるだろうと考えたのだ。しかしローマは、ナポレオン三世の同意によってアンチーブで編成された傭兵隊一万二〇〇〇人によって堅く守られ、びくとも揺るがなかった。フランス軍の強い抵抗に直面したガリバルディは捕らえられ、カプレア島での蟄居を命じられた。とはいえ彼の部隊は教皇領に侵入した。カイロリ兄弟とその一派は永遠の都に武器をもちこみ、反乱を煽ろうとして捕まり、処刑された。帝政の屋台骨が傾きかけ、プロイセンの影がちらつきだしたフランスにとって、メキシコ戦とサドワ戦の失敗の後は、もうローマを無防備にしておくことは許されなかった。世論全体から手を打つように迫られた彼は、トゥーロンで遠征隊派遣の準備を開始した。ガリバルディは監視の目を逃れ、再び志願兵の指揮を執ったが、誰も彼を阻止しようとはしない。いっぽうラッタッツィは消耗して身を引き、チャルディーニの左翼連立政権構想が失敗すると、新しい内閣はサヴォイア王朝に忠実で精力的な保守主義者ルイ・フレデリック・マネブレアによってつくられた。ガリバルディが三〇〇〇人の兵士とともにローマの市壁の下に達したとき、ファイ将軍に率いられるフランス部隊がチヴィタヴェッキアに上陸した。十一月三日フランス軍はメンタナ(1)で赤シャツ隊を退散させ、ガリバルディはまたしてもカプレア島へ引き返した。フランス軍はローマを占拠した。軽率な報告が「フランス軍の新式銃剣シャスポ(2)がイタリア軍に向けられ、奇跡をもたらした」と報じた。フランスの立法議会ではルエールが「今後いかなることがあろうとも決して、決してイタリアがローマに足を踏み入れることはないであろう」と演説をぶった。王国では昨日の友邦に対する怨嗟の声がとどろく……メンタナはソルフェリーノの記憶をかき消してしまった。

(1) 一八六七年十一月三日、ローマ郊外の町メンタナでガリバルディの赤シャツ隊は、教皇軍とフランス軍に敗れた〔訳註〕。
(2) アントワーヌ・アルフォンス・シャスポが発明した、銃身に刀剣が据え付けられた一八六六年型の銃で、パリ・コミューンでも使われた。日本では幕末の江戸幕府が伝習隊用に二連隊分所有していた〔訳註〕。

Ⅳ　首都ローマ

　メンタナ以後状況は完全な手詰まりになった。イタリアは財政的にも経済的にも未曾有の困難と社会的変動に直面していた。メナブレアの辞職後の一八六九年十一月二十三日、内閣の延々たる苦心の末、ピエモンテ出身のジョヴァンニ＝ランツァ（一八一〇～八二年）が政権の座に就いた。同郷人クィンティーノ＝セッラに助けられながら、彼は長期政権を維持し、政治的安定化と財政再建の政策を目指すいっぽう、マッツィーニ的動きは厳しく取り締まられた。ナポレオン三世はオーストリアへの接近を望んだかもしれないが、ウィーン政府はイタリア問題にかんする不安を解消したいと考えていた。一八六九年、イタリアをフランス＝オーストリア関係のあいだに加えることが企てられたが、フィレンツェ政府によって「首都をローマに」という前提条件が表明されたため、これらの企ては暗礁に乗り上げてしまった。教皇諸国の運命の問題は、一年後の一八七〇年七月十九日、普仏戦争勃発によって間接的なかたちで解決されることとなった。これに先立つ七〇年三月、三国協定の新たな試みがオーストリア大公アルベルト[1]、ヴィメルカーティ、将軍ルブランのあいだで話し合われた。セッラとランツァの断固とした反対にもかかわらず、ヴィットリオ＝エマヌエレ二世はフランスとの友好関係に忠実であった。彼はガリバルディの敗北に失望し、以後「あの教皇という厄介者」とローマに対するあらゆる企てを忌み嫌うようになった。七月十五日、フランスのグラモン外相は三国同盟をローマの放棄に従属させる条件を拒否して、「フランス皇帝はラインで名誉を守りながら、テベレでそれを失うわけにはいかない」と断言した。またフィレンツェ嫌いの皇妃ウジェニーは、「イタリア軍がローマに入るくらいなら、パリにプロイセン軍を入れたほうがましよ」と言ったとされている。八月二十八日ヴィットリオ＝エマヌエレ二世の娘婿ジェローム＝ナポレオンが特使としてフィレンツェに派遣されたにもかかわらず、フランスがプロイセンに緒戦で負けたため、交渉は結局失敗した。ローマを占領中のフランス軍は国土防衛のために引き揚げられ、永遠の都市は丸裸の状態となった。八月二十日、早くもセッラはこの都市を占拠する意図を語り、二十八日にはオーストリアの宰相ボイストから激励を受けて二十八日、列強にその決意を通告した。「この機を逃すな！」と叫ぶ世論の奔流に抵抗するのは無駄だと、ヴィットリオ＝エマヌエレ二世は悟った。スダンの敗北後の九月四日、フランス帝国は崩壊し、そのニュースが伝わると同時にカドルーナの兵五万は移動命令を受けた（もっともその前に王はピウス九世に必然の流れに逆らわないようにと、願い出ていたらしい）。教皇のほうは自軍に抵抗戦を命じていたので、九月二十日、イタリア軍の砲弾が市門ポルタ・ピアの奥深くを切り裂いた[2]。市はなおも蜂起を呼びかけたが空しく、王国軍の占領がはじまった。十月二日、臨時委員会によって住民投票が実施され、イタリアへの合併が四万七八五票対四六票で批准された。一八七一年八月一日、イタリアの首府は正式にローマにおかれることとなった。ヴァティカン公会議で教皇無謬の教義を公表したばかりのピウス九世は、一八七一年五月十三日の教皇保障法の提案にしたがって順応することを拒否した。この法の文言は教皇の特権、聖庁の治外法権、外国との交信の自由、教会問題にかんするイタリアからの不干渉、年間三五〇万リラの歳費支給などを認めていた。教皇は、「自分は暴力の犠牲者だ」と宣言し、彼の後継者たちもそれにならって「われわれには何もできない」という態度に終始した。こうした状況は、ローマ問題に終止符を打った「和解」すなわち一九二九年十一月二十九日のラテラノ協定までつづいた。

（1）フレデリック・ロドルフ・アルベルト、オーストリア大公（一八一七〜九五年）。皇帝フランツ＝ヨーゼフの叔父〔訳註〕。

（2）一八七〇年九月二十日、ポルタ・ピアとポルタ・サラリアのあいだのアウレリウスの壁がベルサリエリに率いられるイタリア軍の砲撃によって破られた。その箇所を示す記念の標識と向かい合わせにベルサリエリの像が、一九三二年ムッソリーニによって建立された〔訳註〕。

結論　「リソルジメント」は不完全な革命か？

一八七一年初頭、リソルジメントは、領土にかんするかぎり目標の大部分を達成した。地理的に言えば一八一五年から一八五九年〔オーストリアに対するフランス＝サルデーニャ王国連合軍による第二次独立戦争開始時〕までイタリアは、二八万六六一〇平方キロの均質な王国であった。すなわちそこにはトレント、トリエステなど「未回収」の地域が欠けていた。それこそはカヴールが言ってきた「新しい世代に遺された仕事」であった。実際これらの地域は第一次大戦直後までには獲得され、国土は最大三一万二〇〇平方キロにおよんだが、第二次大戦の結果、フランスとユーゴスラヴィアのための国境修正によって三一万一四六〇平方キロに縮小された。

この結果は劇的であり、あらゆる歴史記述と伝統的文学によって称えられるところとなり、そこから国民的叙事詩を謳った官製神話が生まれた。このような考えはしかし見直しの対象とされ、検証は現在なお進行中である。それは統一の過程にあるプラス面を視野に入れつつ、同時にそのマイナス面を強調する方向に向かっている。

一八五九年から一八六六年までの決定的な局面は、フランスを初めとする大国の大きな協力なしには実現し得なかったし、目ざましい英雄主義的活動や、偉大な愛国主義者たちの出現にもかかわらず、民族的形成が都市における知的エリートの緊密な関係によってなされたことは間違いない。一八四八年から一八七〇年までのあいだ半島のリソルジメントで命を落とした者六〇〇〇人、負傷した者二万人足らずを数えたのにたいし、フランス軍は一八五九年六月二十四日のソルフェリーノで、たった一日で一万一五二人の死者を残した。

事態がめまぐるしく変化するので、「民族」という観念が大衆のあいだに深く根付かなかった。マッシモ・ダゼーリョの「イタリアはつくられた。あとはイタリア人をつくらなければならない」という言葉がそれを裏付ける。統一をなしとげた職人らにたいしてとくにアントニオ・グラムシをはじめとするマルクス主義学派から投げられた主たる非難は、「運動が未完成に終わったのは、政治理論、外交官、中道派のブルジョワがあいまって社会革命を拒み、統一を未完成のままにしたからだ」というものだった。あるいは南部では、古い社会の枠組みを破壊し、土地を所有しかつ国家を愛する市民階級をつくりえたかもしれない。そのような改革が可能だったか否かという議論は措くとして、十九世紀末のイタリアが、自国の制度を確立しかつ潜在的物的能力をそなえようとしながらも、他方民主的体制への変革のただなかにある他のヨーロッパ諸国とくらべて遅れていたことは明らかである。

出発点から人びとの生活は、二つの障害によって根本的に損なわれていた。その第一は北と南のあいだの不均衡で、しかもそれは緩和されるどころかポー平野の活力と富の集中によっていっそう拡大していった。第二の障害は支配階級による商業の独占であり、しかもこの階級は、一般カトリック教徒は立法府の選挙に参加してはならないというピウス九世の禁令によっていっそう狭小になっていた（この禁令が解除されるのは実に一九〇四年以降である）。一八七六年左派が政権を握って以来、イタリアは過剰な人口問題を解消しようとしてその捌け口を求めることに走り、国土整備に向けるべき資本やエネルギーをふりかえて民族主義、軍備増強、植民地主義といった国力の現実を無視した誇大妄想的な政策の追求に熱中した。英国の史家マック・スミスは、その著書においていささか過激かもしれないが暗示に富んだ結論を述べ、イタリアのファシズム体制は、国家主義的行動理念、国民的意識の深層と政府のあいだの断絶、ガリバルディ的指導者への大衆の熱狂をともなった一八七〇年の王政にすでにその萌芽があることを示した。(1)

（1）ヴィットリオ＝エマヌエレ二世にたいする過大な評価には、サヴォイア家の好戦的な気質と絶対主義的伝統が彼の時代に生きつづけたということ、そしてそれらは国家にとって決して恵沢とは考えられなかったという事実を思い起こすことによってバランスをとることができる。彼は息子や孫に、国内の危機的瞬間に断固として介入する力としてそれを伝えることができた。だがクリスピ、サランドラ、ムッソリーニ、バドーリョ元帥等を支えるこの力がファシズムへの流れとなって作用したことは、必ずしも賢明なことではなかった。参考文献SV、三六九頁、三七〇頁〔訳註〕。

このように「リソルジメント」はあらゆる問題を解決したわけではなかった。理想と現実のあいだのギャップは、十九世紀後半の文化活動のもつ暗鬱な色調に読みとることができるのである。ロマン主義の情熱的な声は沈黙し、ジョズエ・カルドゥッチのような孤高の天才さえ、青年時代の共和主義的昂揚を王政の順応主義にもどした。エリートの覚醒が、理想主義的哲学者ベネデット・クローチェ（一八六六〜一九五二年）の記念碑的作品として現われたとすれば、他方イタリア的感覚をあらわし、ファシズム下の文化的危機を予兆させるのは、民族主義者ガブリエル・ダヌンツィオの華美で形式的なレトリックの技巧であろう。

ファシズムの失墜と王政の廃絶（一九四六年）以後、イタリア共和国は「リソルジメント」時代の愛国者たちが希求した市民的進歩という理想を達成してはいない。二十一世紀を迎えつつあるいま、この国は支配階級の腐敗、財政上のスキャンダル、暴力、マフィアとカモッラの前代未聞の危機などによって根底から揺れ動いている。国民的国家の統一モデルは遠心性の「同盟」によって問い直されている。国民の健全な部分は、新たなリソルジメントのもつ精神的倫理的価値を再発見した「第二の共和国」を望んでいるのである。

訳者あとがき

行け、我が想いよ、金色の翼に乗って　Va, pensiero, sull'ali dorate
行け、斜面に、丘に憩いつつ　Va, ti posa sui clivi, sui colli
そこでは薫っている。暖かく柔かい　Ove olezzano tepide e molli
故国の甘いそよ風が！　L'aure dolci del suolo natal!

ヴェルディ三作目のオペラ『ナブッコ』（ネブカドネザルとして知られるバビロニアの王の名前）第三幕での合唱「行け、我が想いよ、黄金の翼に乗って」の一節である。

本書、Paul Guichonnet, *L'unité italienne*（Coll.« Que sais-je ? » n°.942, 6ème édition PUF, Paris, 1996）は十八世紀から十九世紀初頭、つまり啓蒙主義からフランス革命、ナポレオン戦争と、その後のナポレオン戦争といった一連の歴史的事件の波が半島に押し寄せた時代、それらをきっかけに起こったイタリアの統一運動の歴史である。冒頭の歌は、一八四二年、ミラノ・スカラ座で初演され、初めて大成功を得たヴェルディの出世作となり、現在でもイタリア第二の国歌として広く歌われている。一八四二年といえば、すでにマッツィーニやガリバルディが、フランス革命のジャコバン思想に共鳴したジャコビーノとして活躍している時代であり、古代の国を自国再興の夢に重ねた聴衆の熱狂たるや大変なものがあったと想像される。「黄金の翼」に象徴されるようなナショナリズムの高揚と統一運動は、二月革命の共和政、ナポレオン三世（彼は元カルボネリーアであった）の帝政の揺れ動くヨーロッパの奔流に加速された。

そもそもイタリアという国がどこからどこまでをさすのか、長い歴史の中でこれを考えると、はなはだ厄介な問題になる。ブリタニカの百科事典をみると、「イタリアの語源は古イタリア語 Vitelia［子牛の土地］がギリシャ語化してイタリアとなった……（途中略）それが前三世紀頃からアルプス以南の半島の地理的総称となった」とある。しかるにわれわれがフィレンツェ、ミラノ、ピサ、ヴェネツィア、ナポリなどさまざまな都市を訪れると、いずれも独立国のような印象を受け、それぞれに強い興味を感じ、その多様性こそがイタリアの魅力ではないかと考えるようになる。「ナポリを見て死ね」というが、それがナポリでなくフィレンツェだってパレルモだって悪いわけはないだろう。逆に町のいたるところでカヴール、ガリバルディ、ヴィットリオ・エマヌエレという名が街路や、広場や、ホテルにつけられていたとしても、ほとんど統一の歴史を知らないわれわれには、歴史的意味が感じられなくなる、つまり主権国家イタリアの国そのものにたいする関心が希薄になっていくのである。

近世の一般のイタリア人もまた、そうした小都市国家の群立状態、というか分裂状態を当然のこととみなし、受け入れ、あまり疑問をもっていなかったようだ。たしかに「十九世紀の黎明を迎えたイタリアは、いかなる政治的一貫性も回復せず、地理学的な意味しかもたない存在というメッテルニッヒの侮蔑的言葉がおおむね該当する国」（本書五頁）であり、「紋章もなければ政治的名称もなく、ヨーロッパ諸国の集まる会議での投票権もなく、共通の中心点もなければ共同市場もない地域、小国家の分立する土地」と考えられていたのである。

本書において著者ポール・ギショネ氏は、啓蒙思想とフランス革命によってイタリアの知識人が覚醒され、その後のナポレオン戦争、フランスの王政復興、ウィーン体制以後のヨーロッパ諸国のナショナリズムの勃興といった一連の歴史の流れのなかで、冒頭の歌に象徴されるような国家的統一運動が芽生え、育ち、発展し、一八六〇年のイタリア王国成立にいたる軌跡を丹念にたどる。錯綜する国際関係や、複雑な事件の絡み合い、人物の動きなどにも限られた紙数の中で要を得た解説をあたえ、最後にこの統一は「成立」であって「完成」ではないままに終わったという結論をくだす。つまり氏によれば生まれたイタリアは、マッツィーニやガリバルディがめざしたような「イタリア共和国」ではなくヴィットリオ・エマヌエレ二世をいただくピエモンテ＝サルデーニャ王国の憲法を適用した「イタリア王国」であり、北と南の歴然たる経済的、政治的不平等を残したままの統一なのだ（ヴィットリオ・エマヌエレ三世の退位とイタリア共和国の成立は、実に一九四六年だった）。さらにその不完全さが、後のイタリア社会にどのような影響を及ぼしたかという問題も含めて論じられる。さらに氏はパーマーの「大西洋革命」説に触れつつ、イタリアの運動は決して半島内に局限された問題ではなく、世界史の流れの中でとらえるられるべきことを指摘している。
ひるがえって同時期、日本も明治維新によって一大変貌を遂げた。同じ頃、同じような四分五裂の状態を克服して統一を達成した。そしてその後第二次大戦にいたるまでのあいだ、一方のナショナリズムはファシズムに、他方は天皇制を中心としたミリタリズムと手を結んだ。ともに民主主義国家としては、未熟で不完全だったのである。イタリア王国が誕生したとき、政治家マッシモ・ダゼーリョは「イタリアはつくられた。あとはイタリア人をつくらなければならない」（本書一六四頁）といったが、それがいかに困難な課題であるかは、こんにちの日本に生きるわれわれもまた痛感せざるをえない。

なおギショネの文章はおおむね平明だが、限られた紙数において多くの事実を語るためか、言外に含みをもたせてわかりにくい部分もあった。訳者としては、浅学を顧みずその意味を恣意的に訳註で補ったことを告白しておく。あえていえば、やや硬い著者の文章にわずかながらドラマティックなニュアンスを添えたいという訳者の願望もあった。過ちに気づかれた読者の方々からご指摘をいただければ幸いである。

また本書の初版は一九六一年に出版されており、いささかデータや理論などに一抹の不安を感じる人がいるかも知れない。だが原書の奥付を見ると一九九一年に六回目の改版が行なわれており、おおむねこんにちのイタリア史の流れに沿った著作と考えてよいだろう。巻末に挙げられた参考文献でも一九九〇年代のものもあり、また日本版のために巻末の文献に新たな文献（ピエール・ミルザの『ガリバルディ伝』）を追加してくださったことも、ギショネ氏がこの運動の歴史に関心を寄せつづけられたことを示している。

本書の翻訳は二年余りまえに着手したが、その後著者との連絡が取れず、一時断念しかけた。フランス著作権事務所のコリーヌ・カンタンさん、白水社の浦田滋子さんらのおかげで刊行の運びとなった。最後にいつもながらクレール・カプレール、内藤ソランジュという二人の仏人女性の友人に助言を頂いたことを記してここに前記の方々と併せて感謝したい。

二〇一三年三月

幸田礼雅

参考文献
（原書巻末）

リソルジメントをあつかった膨大な文学については、示唆に富んだ基本的な作品だけを挙げるにとどめた。

1　一般的作品

Rassegna storica del Risorgimento（1913年以来の季刊誌）で、年代別参考文献が豊富。*Enciclopedia italiana*（Treccani）と、刊行中の *Dizionario biografico degli Italiani* Rome, Instituto della Encicropedia italiana には優れた紹介記事がある。一般的問題にかんしては Walter MATURI, *Interpretazioni del Risorgimento*, Turin, Einaudi, 1962.

Cesare SPELLANZON-Ennio DI NOLFO, *Storia del Risorgimento e dell'Unità d´Italia*, Milan, Rizzoli, 1933-1965, 8 vol.（きわめて詳細で客観的な解説と見事な挿画）

Denis MACK SMITH, *Storia d´Italia* 1861-1969, Bari, Laterza, 1969（非常に示唆に富んだ改訂校勘本）ならびに *Il Risorgimento italiano*, Bari, Laterza, 1968.

Paul MATTER, *Cavour et l´unité italienne*, 3 vol., 1922-1927, Alcan.

Paolo ALATRI, *L´Unità d'italia* (1859-1861), 2 vol., Rome, Ed. Riuniti, 1959.

2　特殊研究

Jacques GODECHOT, *La grande nation : L´expansion révolutionnaire de la France dans le monde, de 1789 à1799*. Aubier, 1956, 2 vol.

André FUGIER, *Napoléon et l´Italie*, Janin, 1947.

Luigi SALVATORELLI, *Il pensiero politico italiano dal 1700 al 1870*, Turin, Einaudi, 1949.

Arturo Carlo JEMOLO, *Chiesa e Stato in Italia negli ultimi cento anni*, Turin, Eunaudi, 1949.

Antonio FOSSATI, *Lavoro e produzione in Italia, dalla metà del secolo XVIII alla Seconda Guerra mondiale*, Turin, Giapichelli, 1951.

Rosario ROMEO, *Risorgimento e capitalismo*, Bari, Laterza, 1959.

Bertrand GILLE, Les capitaux français au Piémont (1849-1859), in *Histoire des entreprises*, mai 1959, n° 3.

Piero PIERI, *Storia militare del Risorgimento. Guerre e insurrezioni*, Turin, Einaudi, 1962.

Niccolò RODOLICO, *Carlo Alberto*, 3 vol., Florence, Le Monnier, 1943-1948.

A. M. GHISALBERTI, *Massimo d´Azeglio, un moderato realizzatore*, Rome,

Ateneo, 1953.
Gaetano SALVEMINI, *Mazzini*, Florence, La Voce, 1925.
Gustovo SACERDOTE, *La vita di Giuseppe Garibaldi*, Milan, Rizzoli, 1933（非常に豊富な図像あり）.
Denis MACK SMITH, *Garibaldi*, Milan, Mondadori, 1993.
Denis MACK SMITH, *Vittorio Emanuele II*, Bari, Laterza, 1972.
Carlo PISCHEDDA, *Problemi dell´unificazione italiana*, Modène, Mucchi, 1963.
カヴール時代の歴史については
Rosario ROMEO, *Cavour e il suo tempo*, Bari, Laterza, 1969-1984, 4 vol の完全改訂版が刊行された.
カヴールの伝記についてはつぎの二つが最良の著作である。
Rossario ROMEO, *Vita di Cavour*, Bari, Laterza, 1984 ; Denis MACK SMITH, Cavour, Milan, Bompiani, 1984.
Adolfo OMODEO, *L´opera politica del conte di Cavour*, 2 vol., Florence, La Nuova Italia, 1941.
Denis MACK SMITH, *Victor Emanuel, Cavour snd the Risorgimento*, Londres, Oxford University Press, 1971.
Ettore Passerin d'ENTRÊVES, *L´ultima battaglia politica di Cavour. I problemi dell´unificazione italiana*, Turin, I.L.T.E., 1956.
Lynn M. CASE, *French opinion on War and Diplomacy during the Second Empire*, Philadelphie, University of Pennsylvania Press, 1954.

3　メモワールと資料

上記の著作には、リソルジメントの提唱者のメモワールと回想にかんする文献が多数みいだされる。それらのうち資料としての完全版で既刊のもの、あるいは現在刊行中のものを挙げる。

Carteggi del *Conte di Cavour*, publiés par la Comiission nationale, depuis 1928, Bologne.
CAVOUR, *Discorsi parlamentari*, Florence, La Nuova Italia, 1932-1973, 15 vol.
MAZZINI, *Edizione nazionale degli scritti*, Imola, Galatei（1906-1943）, 100 volumes.
RICASOLI, *Carteggi*, Rome, Ufficio storico per l'età moderna e contemporanea, 13 vol.,（刊行中）
Le Lettere di Vittorio Emanuele II, Turin, Deputazione subalpina di storia patria, 1966, 2 vol
FARINI, *Diario di fine secolo*, Rome, Bardi, 1962, 2 vol.
MASSRI, *Diario dalle cento voci*（1858-1860）, Bologne, Cappeli, 1959.
Pierre Milza, *Garibaldi*, Paris, Fayard, 2012.
D'AZEGLIO, *Epistolario*, Turin, Centro studi piemontesi（続刊あり）.
Enrico GIANERI, *Cavour nella caricatura dell´Ottocento*, Turin, Teca, 1957.

参考文献
（訳者による）

AG　ALFONSO SCIROCCO, *GARIBALDI*, Citoyen du monde, c2005（tr,. en fr）.

CH　Catherine Brice, Hsitoire de l'Italie, collection QUE SAIS-JE? n°286, c2000.

FG　Jean-Yves Fretigne, *GIUSEPPE MAZZINI*, Père de l'unité italienne, c2006.

PH　PAUL GUICHONNET, *HISTOIRE DE L'ITALIE*, c1969.

RH　Sergio Romano, *Hsitoire de l´Italie du Risorgimento* à nos jours, c1977.

SV　DENIS MACK SMITH, *Victor Emanuel, Cavour, and Risogimento*, c1971.

邦語参考文献

＊印は著者文献の邦訳

FH　藤沢房俊『匪賊の反乱　イタリア統一と南部イタリア』, 太陽出版, 1992年.

GI　マックス・ガロ『イタリアか死か　英雄ガリバルディの生涯』（米川良夫／樋口裕一訳），中央公論社，2001年.

II　岩倉 具忠／他著『イタリア文学史』，東京大学，1985年.

KI　『イタリア史』（北原敦編），山川出版，2008年.

KI　北村暁夫／小谷眞男 編『イタリア国民国家の形成』，日本経済評論社，2010年.

MG　森谷貫教／松本雲舟『グラッドストーン傳』，三陽堂書店，1916年.

MI　森田鉄郎『イタリア民族革命』，近藤出版社，1976年.

RC　ロメーオ, ロザリオ『カヴールとその時代』(柴野均訳), 白水社，　1992年＊.

TN　ティエリー・ランツ『ナポレオン三世』（幸田礼雅訳），文庫クセジュ，2010年.

WI　S・J・ウルフ『イタリア史』（鈴木邦夫訳），ウニヴェルタシス，2001年.

訳者略歴
幸田礼雅（こうだ・のりまさ）
一九三九年生まれ、一九六六年東京大学仏文科卒業。
主要訳書
R・エスコリエ『ドーミエとその世界』（美術出版社）、A・フェルミジエ『ロートレック』（美術公論社）、J・アデマール他『版画』（白水社文庫クセジュ）、A・デュマ『がんくつ王』（ポプラ社文庫）、C・シュベル『伝記・オーデュボン』（TBSブリタニカ）、J・ギトン他『神と科学』（新評論）、ヘンリー・H・ハート『ヴェネツィアの冒険家』（新評論）、M・アルテール『救出者』（日本放送出版協会）、C・カプレール『中世の妖怪、悪魔、奇跡』（新評論）、M・ラシヴェール『ワインをつくる人々』（新評論）、T・ランツ『ナポレオン三世』（白水社文庫クセジュ）、G・ミノワ『ガリレオ』（白水社文庫クセジュ）

イタリアの統一

二〇一三年四月　五日　印刷
二〇一三年四月二五日　発行

訳　者 © 幸　田　礼　雅
発行者　及　川　直　志
印刷所　株式会社　平河工業社
発行所　株式会社　白　水　社

東京都千代田区神田小川町三の二四
電話　営業部〇三（三二九一）七八一一
　　　編集部〇三（三二九一）七八二一
振替　〇〇一九〇－五－三三二二八
郵便番号一〇一－〇〇五二
http://www.hakusuisha.co.jp
乱丁・落丁本は、送料小社負担にてお取り替えいたします。

製本：平河工業社
ISBN978-4-560-50979-1
Printed in Japan

文庫クセジュ

歴史・地理・民族（俗）学